Wie Frauen bauen

Sonia Ricon Baldessarini

Wie Frauen bauen
Architektinnen
von Julia Morgan bis Zaha Hadid

AvivA

Die Deutsche Bibliothek – CIP-Einheitsaufnahme

Wie Frauen bauen – Architektinnen von Julia Morgan bis Zaha Hadid / Sonia Ricon Baldessarini. Berlin ; Grambin : AvivA, 2001
ISBN 3-932338-12-X

Mehr über unser Programm unter www.aviva-verlag.de

Umschlaggestaltung unter Verwendung eines Fotos des MASP von Lina Bo Bardi, mit freundlicher Genehmigung des Instituto Lina Bo e P.M. Bardi

Druck und Bindung: Fuldaer Verlagsanstalt

Alle Rechte vorbehalten.

ISBN 3-932338-12-X

© 2001 AvivA Verlag,
AvivA Britta Jürgs GmbH
Emdener Str. 33, 10551 Berlin
Dorfstr. 56, 17375 Grambin
Tel. (0 30) 39 73 13 72
Fax (0 30) 39 73 13 71
e-mail: aviva@txt.de

Inhalt

Vorwort	7
Julia Morgan: Bauen als Lebensprojekt	9
Emilie Winkelmann: Der Wunsch zum Raum	24
Eileen Gray: Design und Architektur im Maßstab des Inneren	34
Lilly Reich: Der Raum als Poetik des Alltags	48
Margarete Schütte-Lihotzky: Bauen und leben mit sozialer Verantwortung	64
Lux Guyer: Zwischen Tradition und Erneuerung	81
Lucy Hillebrand: Architektur als Schrift der Beweglichkeit	93
Hilde Weström: Eine Architektur zum Wohlfühlen	103
Lina Bo Bardi: Architektur in Form tropischer sozialer Utopien	120
Gae Aulenti: Zeit als Materie der Architektur	137
Itsuko Hasegawa: Dialog zwischen Mensch und Natur	150
Zaha Hadid: Architektur der Fragmente	161
Bildnachweis	179
Anmerkungen	180
Auswahlbibliografie	185

Für Josemen, meine Mutter,

und für Maria Stuart, meine Lehrerin

Vorwort

»Man kann nur das erforschen, wovon man vorher geträumt hat.«

(Gaston Bachelard)

In allen weltlichen Kulturen sind wir von Bauten umgeben, in deren Räumen sich das alltägliche Leben abspielt. Je nach Entwicklungsstadium der Zivilisation stellen die Menschen unterschiedliche Anforderungen an die sie umgebende Architektur.

Das Bauen selbst wurde im Lauf der Zeit zu einer der wichtigsten Tätigkeiten innerhalb des sozialpolitischen Geschehens und verlangte eigene Handlungsregeln und Institutionen. Eine genaue Aussage über den Anteil von Frauen an diesem Prozess lieferte die traditionelle Architekturgeschichte bisher nicht.

Was die Partizipation von Frauen angeht, ist deren professionelle Mitwirkung an der Gestaltung privater und öffentlicher Räume bis zur Mitte des 19. Jahrhunderts zurückzuführen.

Über die klassische Diskussion, ob »Frauen anders bauen«, lässt sich in Hinblick auf die hier dargestellten Werke sagen: Frauen bauen, wie sie bauen, das heißt nicht unbedingt »anders« – oder zuweilen doch?

Diese Frage steht jedenfalls nicht im Mittelpunkt dieser Publikation.

Auch die äußerst komplexe Diskussion um die Gender-Problematik in der Architektur, die hier in unterschiedlichen Kontexten auftaucht, bedarf andernorts Vertiefung.

Mir geht es darum, die Leistungen von Frauen zur Architektur des 20. Jahrhunderts ergänzend zu dokumentieren und systematisch darzustellen.

Die Auswahl der Architektinnen ist subjektiv und richtet sich nach dem Kriterium ihrer jeweiligen Architekturbegriffe und Arbeitsmethoden. Sie macht auch die Existenz einer Frauen-Baukultur deutlich, die in den 20er und 30er Jahren in Europa im Gang war und durch das Aufkommen des Nationalsozialismus zerstört wurde. Die Emigration einiger Architektinnen wie die Zerstörung von Büros und Materialien stehen symbolisch für diesen geistigen und materiellen Verlust.

Die vorliegende Zusammenstellung spiegelt die Themenkomplexe der Architekturdiskussion des letzten Jahrhunderts in all ihren Variationen – vom historischen Repräsentationscharakter (Julia Morgan, Emilie Winkelmann) über avantgardistisches Denken (Eileen Gray, Lilly Reich) und Traditionsbewusstsein (Lux Guyer), soziale Aspekte (Margarete Schütte-Lihotzky, Hilde Weström, Lina Bo Bardi) und kritischem Umgang mit der Architekturgeschichte (Lucy Hillebrand, Gae Aulenti) bis hin zum exegetischen Charakter urbaner Interpretationen (Itsuko Hasegawa, Zaha Hadid).

Dadurch konstituiert sich eine umfassende Topographie, die sich über einen langen Zeitraum ausdehnt – eine architektonische Landschaft, die von den USA über Europa bis nach Japan reicht. Das vorgestellte Spektrum bietet einen Überblick über einige der wesentlichen Beiträge von Frauen zur Architektur des 20. Jahrhunderts.

Das Gesamtbild macht die Leere deutlich, die in der traditionellen Baugeschichte und Architekturtheorie in punkto »bauende Frauen« immer noch besteht.

Angesichts dieser Situation sieht sich das vorliegende Buch den Architektinnen auf unmittelbare und auf mittelbare Weise verpflichtet – auch denjenigen, die noch »versteckt« bleiben, die in Lehre, Forschung oder in den architekturverwandten Disziplinen tätig oder die in »Entwurfsfabriken« beschäftigt sind und deren Leistungen mit wenigen Ausnahmen meist unerwähnt und unerkannt bleiben.

Hauptmotivation für »Wie Frauen bauen – Architektinnen von Julia Morgan bis Zaha Hadid« ist der Wunsch, die fachliche Kompetenz, das hohe Maß an Berufsidentifizierung, die Entschlossenheit bei der Verwirklichung der eigenen Ziele und vor allem die Visionen, welche die Lebensentwürfe der hier präsentierten Architektinnen kennzeichnen, weiterzugeben.

Sonia Ricon Baldessarini

Berlin, Sommer 2001

Julia Morgan:
Bauen als Lebensprojekt

»My buildings will speak for themselves.«

Um Architektin zu werden, musste Julia Morgen einen langen Weg zurücklegen. Zuerst den akademischen an der Universität Berkeley, der ihr den Titel Diplom-Ingenieur einbrachte, dann reiste sie aus ihrem geliebten Kalifornien durch die Staaten bis zur Ostküste und machte sich schließlich mit dem Schiff auf den Weg nach Europa, um sich in Paris am besten Architekturinstitut ihrer Zeit zu bewerben.

Auf dem Weg zur Karriere zwischen zwei Kontinenten

Mit Julia Morgan tritt ein besonderer Fall in der weiblichen Architekturgeschichte auf. Die Möglichkeit solch großer Projekte, wie sie der vermögende William Hearst in Auftrag gab, für dessen Bauunternehmungen sie 25 Jahre lang tätig war, hatten ihre zeitgenössischen Berufskolleginnen noch nicht. Zu dieser Besonderheit kommt noch hinzu, dass Julia Morgan die erste Frau war, die an der traditionsreichen Pariser École des Beaux-Arts im Fach Architektur zugelassen wurde, und zwar im Jahr 1898.

Zurück in den USA, durchlief Morgan eine Karriere als selbstständige Architektin. Während ihrer knapp 50 Jahre andauernden Tätigkeit plante und baute Julia Morgan fast 800 Gebäude. Sie bereicherte Städte wie San Francisco und Berkeley mit einer eleganten, lichtfreudigen, sich wunderbar in die Landschaft einfügenden Architektur.

Fast 800 Gebäude

Julia Morgan wurde am 20. Januar 1872 in San Francisco, Kalifornien, geboren. Ihr Vater Charles Bill Morgan, ein junger Bergbauingenieur aus Connecticut, hatte sich entschlossen, in das vielversprechende Geschäft der Silber- und Goldminen der Westseite des Landes einzusteigen. Diese Pläne faszinierten auch seine Verlobte Eliza. Sie heirateten und gingen 1870 nach Kalifornien. Julia war die erste Tochter von fünf Kindern, geboren nach ihrem Bruder Parmelee. Beide Elternteile stammten aus wohlhabenden Familien und pflegten einen hohen Lebensstandard. Auf die Ausbildung der Kinder wurde großen Wert gelegt, was sowohl für die Söhne als auch für

Zur Biografie

Abb. 1:
Morgan 1929 bei der Verleihung des Ehrendoktors der Universität von Berkeley

Berkeley 1894 – eine der ersten Bauingenieurinnen

die Töchter galt. Deshalb besuchten Julia und ihre Schwester Emma noch vor Ende des letzten Jahrhunderts die Universität von Berkeley in Kalifornien. Als eine der ersten Frauen erhielt Julia Morgan 1894 ein Diplom als Bauingenieur. Ihre Arbeit mit dem Titel »A Structural Analysis of the Steel Frame of the Mills Building« erfuhr von den Professoren große Beachtung.

Der kalifornische Architekt Bernard Maybeck, der in Paris studiert hatte und schon damals das Talent Morgans erkannte, wusste von ihrer Absicht, das Studium in der Fachrichtung Architektur fortzusetzen und empfahl ihr, sich an der berühmten École des Beaux-Arts in Paris zu bewerben.

Studium an der École des Beaux-Arts in Paris

Dieses Ziel im Auge, überquerte Morgan den Atlantik. Sie traf im Juni 1896 in Paris ein und bereitete sich dort auf die Aufnahmeprüfung der École des Beaux-Arts vor. Aufgrund der hohen Anforderungen und der intensiven Nachfrage waren die Studienregelungen und das Aufnahmeverfahren sehr streng. Ein Jahr nach Morgans Ankunft erlaubte die französische Regierung die Aufnahme von Frauen in den Fächern Skulptur und Malerei, traf jedoch keine Regelung für das Fach Architektur. Morgan reichte ihre Bewerbung ein, woraufhin ihr die Leitung der École, die auf solch einen Fall nicht vorbereitet war, die Teilnahme an der Prüfung gestattete. Nicht nur für Frauen, auch für ausländische Studenten allgemein galten Sonderregelungen. Diese durften z.B. am wichtigsten Wettbewerb, dem so genannten »Grand Prix de Rome« nicht teilnehmen, dessen Gewinn eine Studienreise nach Rom war. Die Aufnahmeprüfung richtete sich nach einem Punktesystem. Zweimal nahm Morgan erfolglos an der Prüfung teil, beim dritten Mal erlangte sie Platz dreizehn und damit einen Studienplatz.

Auch das Studium selbst basierte auf Punkten, die über die Teilnahme an studentischen Wettbewerben zu sammeln waren. Das Zertifikat erhielt, wer die erforderliche Punktzahl erreichte und noch nicht dreißig Jahre alt war. Nachdem Julia Morgan im Oktober 1898 das Studium aufgenommen hatte, begann nun ihr nächster Kampf, diesmal gegen die Zeit. Kurz vor ihrem dreißigsten Geburtstag gelang es ihr, in einem Wettbewerb mit dem Thema »Ein Theater für ein Privathaus« die notwendigen Punkte zu bekommen. Sie erhielt für ihren Beitrag im letzten Wettbewerb, an dem sie an der École teilnehmen durfte, den ersten Preis.[1] Ihre Arbeit begeisterte Architekten wie Victor Laloux und Benjamin Chaussemiche, der mit Morgan das Projekt eines Frauenateliers entwickeln wollte.

Kampf gegen die Zeit

Nachdem sie ihr Studium an der École des Beaux-Arts 1902 abgeschlossen hatte, blieb Julia Morgan noch einige Monate in Paris und arbeitete im Atelier von Chaussemiche. Sie bekam auch die Gelegenheit, ihren ersten eigenen Auftrag auszuführen: die Erweiterung eines Hauses aus dem 17. Jahrhundert in Fontainebleau, das im Besitz der Amerikanerin Harriet Fearing war.

Ende 1902, nach sechs Jahren in Paris, kehrte sie zurück in die USA. Nach einem Besuch bei ihrem Cousin Pierre LeBrun, einem New Yorker Architekten, fuhr Julia Morgan nach Kalifornien. 1904 legte sie ihr Staatsexamen in Sacramento ab, welches sie dazu berechtigte, ihr eigenes Architekturbüro zu gründen – der Start einer für Frauen so seltenen erfolgreichen Karrieren in der Baugeschichte des 20. Jahrhunderts.

Rückkehr in die USA

Die Region um San Francisco befand sich politisch und wirtschaftlich in rasendem Wachstum. Julia Morgan wurde im Büro des Architekten John Galen Howard eingestellt und bearbeitete gleichzeitig kleine Aufträge in einem Hausatelier in Oak-

Zum Werk

land. Im Büro Howards kümmerte sie sich um zwei wichtige Projekte: ein Amphitheater und ein Gebäude für das Mineralogische Institut, das Hearst Mining Building, beide für die Universität Berkeley. Das Amphitheater wurde in der neuen Technik des Stahlbetons erbaut. Morgan hatte Kurse über diese Bautechnik in Paris belegt, weshalb man ihr die Bauleitung anvertraute.

Phoebe Apperson Hearst: Mäzenatin und Matriarchin

In engem Zusammenhang mit diesem Bauprojekt steht die starke Persönlichkeit einer emanzipierten Frau: Phoebe Apperson Hearst. Phoebe Hearst sorgte unter anderem dafür, dass amerikanische StudentInnen im Ausland unterstützt wurden und spielte eine entscheidende Rolle für Morgans beruflichen Werdegang. Die genauen Umstände dieser bedeutenden Bekanntschaft sind auch in einer so umfassenden Analyse von Morgans Leben und Werk, wie sie Sara Holmes Boutelle in »Julia Morgan, Architect« vornimmt, noch nicht geklärt. Die Verbindung bestand spätestens seit dem Pariser Aufenthalt Morgans, wie ein von Boutelle zitierter Brief Morgans an Hearst bestätigt, in dem die Architekturstudentin sich für die Erhöhung ihrer Förderung bedankt und diese gleichzeitig ablehnt.[2] Als Grund gibt sie an, ihre Familie würde sich Sorgen machen, dass sie sich mit Arbeit überfordere.

Phoebe Hearst, Matriarchin einer der mächtigsten Familien Kaliforniens, war in mehreren sozialen Projekten aktiv. Ein Schwerpunkt ihrer sozialen Arbeit war die Unterstützung von Frauen auf dem Weg zur Selbstständigkeit und Fortbildung. Diesen Ansatz teilte Phoebe Hearst mit vielen anderen Frauen, die Ende des 19. Jahrhunderts in den USA Netzwerke und Vereine zur Unterstützung von Frauen in ihren neuen Rollen als Berufstätige organisierten. Leitgedanke dieser Initiativen war, dass ohne das entsprechende Training und die Weiterentwicklung der eigenen Fähigkeiten der Schritt in die Berufstätigkeit für viele Frauen, die sich aus den traditionellen Rollen als Mutter und Hausfrau befreien wollten, auf der Strecke bleiben musste.

Netzwerke zur Unterstützung der Berufstätigkeit von Frauen

Ein wichtiger Aspekt war die soziale Wirkung, mit der diese Gedanken in Anspruch genommen und in konkrete Maßnahmen umgesetzt wurden. Die Mehrheit der arbeitenden Frauen war unterbezahlt, weshalb viele Vereine ihnen Unterkunft zur Verfügung stellten und Möglichkeiten für Freizeitaktivitäten schufen. Für diese sozialen Aktivitäten waren entsprechende Orte und Einrichtungen nötig, zumal sie sich in der Gesellschaft als Institution etablieren sollten. Mit diesem Ziel wurden eigens Gebäude errichtet. Die Frauenorganisationen traten an die Öffentlichkeit und setzten sich stark für die Interessen der Bürgerinnen ein. Durch ihren Druck entwickelten sich wichtige politische Bewegungen wie der Abolitionismus, der Kampf um die Abschaffung der Sklaverei, und der Suffragismus, die Frauenwahlrechtskampagne.

Entwicklung der amerikanischen Frauenbewegung

Vor einem solchem Hintergrund wird deutlich, warum es in den USA möglich war, dass Sophia Hayden im Jahre 1893 auf einer Internationalen Ausstellung in Chicago als erste Architektin einen Frauenpavillon bauen durfte – womit sie allerdings ihre gerade begonnene architektonische Laufbahn beendete.

Diese Ereignisse sind von Bedeutung, um die Umstände zu verstehen, unter denen Julia Morgan ihre berufliche Laufbahn antrat und sich eine Klientel aufbaute, denn für die ersten eigenen Arbeiten Morgans wie auch für etwa die Hälfte aller ihrer Projekte traten Frauen als Auftraggeber auf.

Auftraggeber: Frauen

Trotz der guten Perspektiven bei Howard wollte Julia Morgan ein eigenes Büro eröffnen, was sie sofort umsetzte, als sie 1904 die Architektenlizenz erhielt.

Gründung des eigenen Büros 1904

Einen der ersten Aufträge bekam Morgan von der Direktion des Mills College, der ältesten Hochschule für Frauen an der Pazifikküste. Das Projekt, ein Glockenturm, wurde 1904 fertiggestellt. Der Turm, dessen Grundriss eine ovale Form hat, wurde im traditionellen kalifornischen Stil der »Spanish Mission« konzipiert.

Die Direktion legte viel Wert auf die Tatsache, dass es sich um ein Projekt für eine Frauenhochschule handelte, welches auch von einer Frau geplant wurde. Zur Entscheidung für Morgan kam es wegen der damals schon bekannten künstlerischen Qualität ihres Designs sowie ihrer Kenntnisse der neuen Betontechniken. Auf den Bau des Turms folgten ein Bibliotheksgebäude (1905/06) und ein Gymnasium (1909) für den Campus der Hochschule.

Bauten für eine Frauenhochschule

Morgans Büro in der Montgomery Street 456 in San Francisco wurde zwei Jahre nach dessen Eröffnung durch ein Erdbeben zerstört. Die Bücher, die sie in Paris gekauft und nach Hause mitgenommen hatte, waren zum Glück in ihrem Elternhaus in Oakland und blieben damit erhalten. Die Zerstörung

13

Nachfrage nach neuen Bautechniken: erdbebensichere Stahlbetonbauten

der Stadt, bei der viele Wohnhäuser zertrümmert wurden, eröffnete den lokalen Architekten jedoch auch neue Auftragsmöglichkeiten.

Die Bauten von Julia Morgan am Mills Campus überstanden das Erdbeben, was der Architektin Anerkennung auf dem Gebiet der Anwendung des Stahlbetons verlieh. Dadurch erhielt sie zahlreiche Anfragen für Projekte in dieser sichereren Bauweise. Unter den Gebäuden, die vom Erdbeben zerstört wurden, befand sich auch das Hotel Fairmont, ein vornehmes Hotel mit 600 Zimmern, das erst drei Jahren vor der großen Naturkatastrophe fertiggestellt worden war. Der Besitzer erteilte Morgan den Auftrag für den Wiederaufbau. Die junge Architektin arbeitete so intensiv, dass die Rekonstruktion in weniger als einem Jahr abgeschlossen werden konnte.

Inzwischen bezog die Architektin ein neues Büro in der California Street 465, in einem der ersten Hochhäuser San Franciscos. Es existierte bis 1951, als Morgan ihre berufliche Tätigkeit beendete.

Projekte für die YWCA

Eines der wichtigsten Projekte ihrer ersten Arbeitsphase kam wieder von einer Institution, die sich für die Belange der Frauen einsetzte: der »Young Women's Christian Association«.

Die YWCA war eine um die Jahrhundertwende gegründete Initiative von wohlhabenden Frauen zur Unterstützung von mittellosen Mädchen, die auf der Suche nach Ausbildungs- und Arbeitsstellen waren. Eine der Sponsorinnen der Organisation war Phoebe Apperson Hearst. Die YWCA veranstaltete viele nationale Konferenzen und Treffen, bei denen Phoebe Hearst oft die Gastgeberin war. Als sie der Organisation 1912 ein Grundstück bei Monterey nahe der kalifornischen Küste für die Errichtung eines eigenen Konferenzzentrums schenkte, suchte man nach Archtektinnen.

Auf eine persönliche Empfehlung der Schirmfrau hin wurde Julia Morgan, die bereits mehrere Erweiterungen auf dem Privatbesitz von Frau Hearst realisiert hatte, für die Aufgabe ausgewählt. Einige der interessantesten Gebäude Julia Morgans und vielleicht der gesamten amerikanischen Architektur in den Jahren vor dem Zweiten Weltkrieg resultieren aus dieser Verbindung.

Asilomar

Das Konferenzzentrum »Asilomar«, Refugium am Meer, dessen Name bei einer Umfrage entstand, eröffnete im Sommer 1913 mit einem zentralen Konferenzgebäude und speziellen

Abb. 2:
Kapelle von Asilomar
(1915)

Zelten, die der Unterbringung der Besucherinnen dienen sollten. Auftraggeberinnen und Nutzerinnen waren beeindruckt.

Asilomar ist eine gelungene Lösung für ein unkonventionelles Programm. Mit wenigen Mitteln gelang es Morgan, geschmackvolle, funktionell und architektonisch anspruchsvolle Räume mitten in einem Wald mit Blick auf das Meer zu bauen. Die Anlage lädt zur Konzentration und zur Erholung ein. In einem typisch amerikanischen »Arts and Crafts«-Stil und unter Verwendung von Holz und Stein aus der Region erbaut, entstanden in den folgenden sechzehn Jahren mehrere Häuser und u.a. eine erstaunlich modern wirkende Kapelle [Abb. 2].

Über das Nationale Komitee der YWCA kam Morgan zu einem besonderen Auftrag: der innenarchitektonischen Planung eines Pavillons auf der Internationalen Ausstellung »Panama-Pacific« 1915 in San Francisco. Diesmal gab es keinen eigenen Frauenpavillon, wie es auf der »World's Columbian Exposition« 1893 in Chicago mit dem von Sophia Hayden geplanten »Women's Pavillon« der Fall gewesen war, sondern lediglich eine dem YWCA zur Verfügung gestellte Ein-

Pavillon für eine internationale Ausstellung

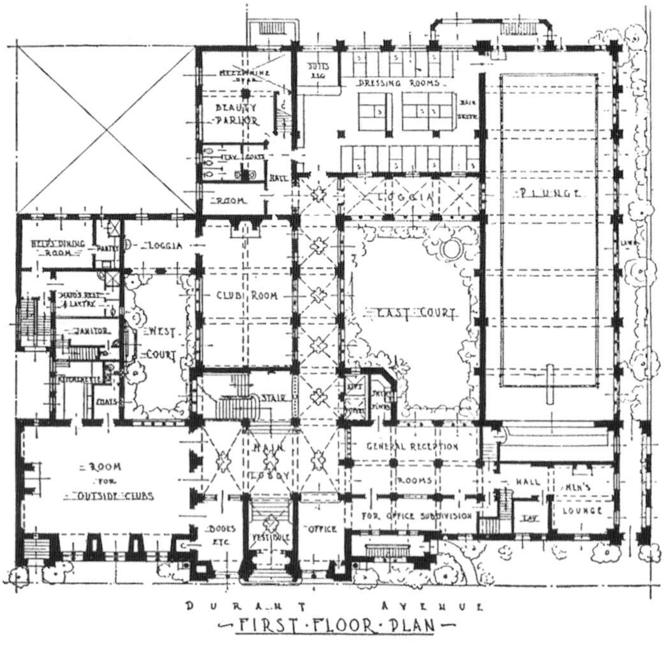

Abb. 3:
Grundriss Erdgeschoss des Berkeley Women's City Club

Lob für die heitere und luftige Bauweise

richtung zur Versorgung der Besucherinnen. Mit der finanziellen Unterstützung des Nationalen Komitees entwarf Julia Morgan die extrem funktionale Konzeption eines Innenraums mit Empfangscharakter. Die zur Verfügung gestellte Fläche wurde optimal genutzt, um das dem Bedarf der Besucherinnen entsprechende Raumprogramm mit Lobby, Cafeteria, Ruheräumen und einem Konferenzraum für 250 Personen zu vervollständigen.

Diesen Beitrag Morgans lobte Frances A. Groff in der Zeitung »Sunset« im Mai 1915: »Its interior is the only architectural work of any importance in the Exposition entrusted to a woman architect; and the remarkable airy, cheery, welcoming arrangements reflect much credit upon Miss Julia Morgan.«[3] Dieser Artikel gibt Auskunft über einige der funktionellen Anforderungen, die diese wichtige Frauenorganisation für die in den folgenden Jahren überall in den USA gebauten Zentren des YWCA stellte. Morgan erhielt kontinuierlich Aufträge von der YWCA und baute insgesamt 15 der Zentralen in mehreren Städten in Kalifornien sowie in anderen amerikanischen Bundesstaaten.

Abb. 4:
Der Berkeley Women's City Club (1929/30)

Zwei dieser Gebäude, die mit ihren spezifischen und völlig neuen Raumprogrammen eine große Herausforderung für die Architektin darstellten, sind der Berkeley Women's City Club und der YWCA-Gebäudekomplex in Honolulu, Hawaii, die viel über die Qualität und Repräsentationskraft von Julia Morgans Architektur aussagen.

Der Berkeley Women's City Club von 1929/30 [Abb. 3 und 4] besitzt eine imposante Struktur mit seinem zentralen sechsstöckigen Trakt, der sich wie ein Turm aus dem horizontalen Teil erhebt. Für die Fassade verwendete Julia Morgan historisierende Details und ließ sich vor allem von der mittelalterlichen Klosterarchitektur inspirieren. Obwohl sie die Technik des Stahlbetons beherrschte, nutzte Julia Morgan nach wie vor dekorative Elemente, die in der Zeit des Internationalen Stils als überflüssig galten und in der modernen Architektur nicht mehr vorkamen.

Der Grundriss des Berkeley Women's City Clubs orientiert sich um zwei Innenhöfe östlich und westlich einer zentralen,

Stahlbeton und Inspiration durch mittlelalterliche Klosterarchitektur

Abb.5:
Das Schwimmbad im Berkeley Women's City Club

Geistiges und körperliches Wohlbefinden der Besucherinnen

gewölbten Arkade. Mit der Übernahme von architektonischen Elementen der Gotik entsteht eine symbolische Verbindung zwischen spirituellen Werten der Vergangenheit und den humanitären Idealen der Frauenbewegung, repräsentiert durch ihr Gebäude. Das Raumprogramm beinhaltet Unterrichtsräume, Auditorium, Bibliothek, Schönheitssalon, Speisezimmer, Teesalons und Räume für kulturelle Veranstaltungen; daneben waren auch Wohneinheiten vorgesehen.

Ein wichtiges Element war das Schwimmbad [Abb. 5]. Es wurde nicht nur für die geistige Bildung der Besucherinnen, sondern auch für deren körperliches Wohlbefinden und ihre soziale Integration gesorgt. Julia Morgan passte ihr Gebäude den spezifischen Anforderungen an und war ständig mit der Planung neuer Lösungen und deren Verbesserung beschäftigt. Die Halle des Schwimmbads war so angelegt, dass reichlich Tageslicht einfallen konnte. Zudem entwarf Morgan eine Nachtbeleuchtung, was für die damalige Zeit eine Innovation war und die Benutzung des Pools auch am Abend erlaubte. Die Form der mittelalterlichen Bögen dominieren diesen Raum. Durch Wandöffnungen werden subtile Lichteffekte erzeugt und in einer Bogenserie, die sich über die Wasserfläche spannt, zeigt sich eine meisterhafte Integration des statischen Systems. Der Komplex ist gut sichtbar und wirkt dennoch geschützt.

Das YWCA-Gebäude im Zentrum der Stadt Honolulu ist ein langgezogenes, dreistöckiges Haus mit einer markanten, erdbebensicheren Stahlbetonstruktur, die mit spanisch-maurischen Architekturelementen verziert ist. Ein großzügiger Innenhof ermöglicht den Kontakt mit der Natur innerhalb des Geländes.

Das YWCA-Gebäude in Honolulu: Stahlbeton und spanisch-maurische Elemente

Die Verwendung von Bauteilen, die aus der Verbindung spanischer und orientalischer Bautraditionen hervorgingen, ist keine rein dekorative Lösung, sondern eine Verbesserung der Funktionalität und der Aufenthaltsqualität.

Das architektonische Highlight dieses Gebäudes ist, wie in anderen Projekten Morgans, das Wasser. Dieses Element dient als Symbol für Sportlichkeit, einem wichtigen Bestandteil des neuen Frauenbilds. Um das olympische Schwimmbad herum befinden sich Räume für Sport und Spiel sowie Ruheräume und eine Cafeteria. Eine zweistöckige Arkade verbindet die Räume und ermöglicht den Kontakt zum Außenraum mit Blick zum Bad auf der einen, zum Garten auf der anderen Seite. Julia Morgan schuf mit der Verbindung hoher Transparenz und gleichzeitiger Raumklimatisierung ein für die tropische Gegend adäquates Verhältnis.

Wasser als Symbol des neuen Frauenbilds

Um diese komplexen Aufgaben zu bewältigen, vergrößerte Morgan das Büroteam. Im Durchschnitt beschäftigte Julia Morgan während der Entwicklung ihrer großen Projekte 12 Leute, darunter BauingenieurInnen, ArchitektInnen und ZeichnerInnen. Sie arbeitete auch mit spezialisierten Handwerkern, die für die Anfertigung bestimmter Bauteile, meist aus Holz und Metall, zuständig waren.

Morgan unterstützte Frauen

KünstlerInnen wurden von ihr mit der Ausführung von Bauplastiken und Malerei beauftragt. Julia Morgan unterstützte in jeder Hinsicht die Beschäftigung von Frauen, und für viele Künstlerinnen und Architektinnen war die Zusammenarbeit mit Morgan das Sprungbrett für eine erfolgreiche Karriere.

Parallel zu den Aufträgen für gesellschaftliche Institutionen plante Morgans Büro auch Kirchen, Krankenhäuser, Einkaufszentren und Privathäuser. Durch strenge Organisation und absolute Hingabe zu ihrem Beruf gelang es Morgan, den Überblick über sämtliche Aktivitäten und Zahlen ihres Büros zu halten. Sie behielt sich die Oberbauleitung aller Projekte sowie die persönliche Betreuung ihrer Auftraggeber vor.

Der Millionär William Hearst als Auftraggeber

Neben der YWCA blieb die Familie Hearst, deren Vermögen in der Metall- und Medienindustrie angelegt war, Hauptauftraggeber Julia Morgans. Nach dem Tod von Phoebe Apperson Hearst, für die Julia Morgan verschiedene Bauvorhaben zu verwirklichen konnte, begann die Architektin eine Zusammenarbeit mit deren Sohn, William Randolph Hearst, die mehr als 20 Jahre andauern sollte.

Die repräsentativen Bauten für William Hearst

Die Projekte des Medienmillionärs William Hearst überschritten die Grenzen des bürgerlichen Repräsentationsbedarfs und nahmen fast utopische Gestalt an, in diesem Fall die einer Stätte der Wohlhabenden. Um diese Projekte realisierbar zu machen und der Öffentlichkeit ein glorifizierendes Werk zu präsentieren, verlangte der Bauherr von seinen ArchitektInnen Vorstellungsvermögen, fachliche Kompetenz und künstlerische Begabung in einem. 1919 kam er eines Tages in Morgans Atelier und erzählte ihr von seinem Wunsch, auf einem Landgut südlich von San Francisco »etwas Komfortableres zu haben«.[4]

Aus diesem Wunsch resultierte eine enge kontinuierliche und erfolgreiche Zusammenarbeit, worunter zwei Großprojekte hervorzuheben sind, an denen Julia Morgan 25 Jahre lang arbeitete: die Anlage San Simeon auf einem Hügel in der Nähe der südkalifornischen Küste und die Erweiterung des Familiensitzes in den Bergen an der Grenze zum Bundesstaat Oregon.

San Simeon

San Simeon (1919–42) ist ein Komplex, der luxuriöse Gästehäuser, ein Hauptgebäude mit Empfangsfunktion, eine monumentale Anlage mit Schwimmbad und Belvedere, Tennisplätze, Privatzoo, Turnhalle und Hallenbad umfasst [Abb. 6]. Die Planung wurde in jedem Detail mit dem Bauherrn, der seinen Sitz in New York hatte, diskutiert. Julia Morgan fuhr 20 Jahre lang an drei Wochenenden im Monat etwa acht Stunden aus San Francisco mit der Bahn und dann mit einem Taxi bis nach

Abb. 6:
Eingang des Hauptgebäudes von San Simeon

San Simeon. Eine umfangreiche Briefsammlung, die die Korrespondenz zwischen Bauherrn und Architektin dokumentiert, befindet sich heute in der »Julia Morgan Collection« an der California Polytechnic State University.

Die Innenräume in San Simeon waren mit sorgfältiger Handarbeit versehen, die aus den von Morgan organisierten Werkstätten stammte. Die reiche Ornamentik der Räume diente als Hintergrund für die Sammlung wertvoller Kunststücke der Familie Hearst vom Gemälde bis zu ganzen Brunnenanlagen, die William Hearst auf seinen Europareisen gekauft hatte.

Integration des Kunstgewerbes im Bau

Wyntoon (1924–1943), nach dem alten indianischen Namen für diese Region, war ein weiteres Megaprojekt von William Hearst, das Julia Morgan für ihn realisierte. Hearst erwarb einen alten Familiensitz mitten in den Wäldern Nordkaliforni-

Wyntoon

Luxusanlage in bayrisch-österreichischem Stil

ens und gestaltete ihn zu einer Luxusfreizeitanlage um. Diesmal sollte der Komplex ländlich und rustikal wirken, weshalb statt des spanisch beeinflussten Palaststils die Bergdörfer in der Grenzregion zwischen Bayern und Österreich als Vorbild dienten.

Die Anlage besteht aus mehreren Gebäuden am Ufer des McCloud River. Wie in San Simeon sind die Innenräume mit Handarbeiten aus Holz und Metall ausgestattet, die Außenwände einiger Häuser wurden mit Wandmalerei dekoriert. Die Verwendung natürlicher Materialien wie Holz, Stein und Schiefer aus der Region ermöglichte eine harmonische Anpassung an die Landschaft, so dass die meisterhaft proportionierten Baukörper pittoresk, aber trotzdem authentisch, wie schon immer an diesem Ort präsent, wirken.

Santa Maria de Ovila

In den 40er Jahren, als sie 70 Jahre alt wurde, war Julia Morgan mit ihren letzten Projekten beschäftigt. Eines davon sollte den Wiederaufbau eines Klosters, Santa Maria de Ovila, beinhalten, das vor dem Bürgerkrieg in Spanien gekauft und demontiert worden war. Die Steine hatte man nach Kalifornien transportiert und in einem Warenhaus gelagert. Die Absicht der Stadtverwaltung von San Francisco war es, das Material für ein Museum des Mittelalters zu verwenden. Nach dem Ausbruch eines Feuers wurden die Steine schwer beschädigt, und die Stadtverwaltung musste das Projekt absagen.

Die 40er Jahre waren aufgrund der Kriegsbeteiligung und der wirtschaftlichen Rezession eine schwierige Zeit für ArchitektInnen. Julia Morgan unternahm in diesem Jahrzehnt einige Auslandsreisen, u.a. nach Südamerika und Portugal.

Morgan zerstört ihre Unterlagen

1951 beendete die Architektin die Aktivitäten ihres Büros. Im selben Jahr starb William Randolph Hearst. Morgan ließ alle Zeichnungen und Unterlagen verbrennen. Nur wenige Dokumente blieben erhalten. Sie war 79 Jahre alt und hatte viele ihrer FreundInnen und KlientInnen verloren. Am 2. Februar 1957 starb Julia Morgan 85-jährig in ihrem Haus, das sie in den 20er Jahren gekauft und im klassischen viktorianischen Stil saniert hatte.

Architektur als Repräsentation von Macht

Julia Morgan bewegte sich in ihrem Beruf auf einer Ebene, die selten von Architektinnen erobert wird: die der Repräsentation von Macht durch Architektur. Eine der besonderen Qualitäten ihrer Arbeit ist die sichere und überlegene Art, mit der

Morgan ihre Bauwerke vom Entwurf bis zur Innenausstattung ausführte.

Aus heutiger Sicht könnten viele ihrer Gebäude in ihren üppigen Ornamenten zu prätentiös, sogar kitschig scheinen. Wenn man diese Bauwerke jedoch genau betrachtet, wird klar, dass eine komplexe, systematische Ordnung alle Bauelemente regiert. Die Dekoration der Fassaden und der Innenräume wird nur in Projekten verwendet, die aufgrund ihrer Dimension und der Komplexität des Raumprogramms eine solche Betonung der Bauflächen, sowohl des Innen als auch des Außen, fordern.

Diesen subjektiven Maßstab hat Julia Morgen gut beherrscht. Die von ihr entworfenen Häuser unterscheiden sich voneinander stark in ihren Konzeptionen. Sie führte Aufträge aus, die von Einfamilienhäusern über Kirchen und Krankenhäuser bis hin zur luxuriösen Privatanlage mit Clubcharakter reichten.

Vom Einfamilienhaus zur Luxusanlage

Morgan verwendete oft traditionelle Elemente der Baugeschichte wie Bogen und Säulen – nicht als rein dekorative Effekte, sondern als statische Lösungen, die sich in der Architektur integrieren ließen. Trotz ihrer Vorliebe für eklektizistische Lösungen und der Verwendung historischer Baustile wirkt Morgans Architektur eigenständig und funktionell. Die Struktur und die Hülle des Baukörpers scheinen sich miteinander in einer eigenen und einmaligen Zusammensetzung zu verbinden. Gleichzeitig wird die Umgebung stark einbezogen und zu einem untrennbaren Aspekt der gesamten Komposition gemacht.

Einbeziehung der Umgebung in die jeweilige architektonische Konzeption

Nicht zuletzt war die Architektin Julia Morgan in der Lage, die Bedürfnisse ihrer Auftraggeber genau zu erkennen und räumlich zu definieren. Das trifft insbesondere auf die Arbeiten zu, die Julia Morgan in Auftrag der Frauenorganisationen realisierte. Sie begriff deren Wunsch nach räumlicher und städtebaulicher Repräsentation und wusste, wie diese Visionen verwirklicht werden konnten.

Emilie Winkelmann:
Der Wunsch zum Raum

»Es hat der Mensch nichts unter der Sonne, als daß er fröhlich sei in seiner Arbeit.«

(anlässlich der Grundsteinlegung zum Victoria-Lyceum)

Die Entwicklungen in Europa zu Beginn des 20. Jahrhunderts zeigen, dass viele Frauen den Weg zur Architektur über verschiedene Nebendisziplinen und das der Raumgestaltung zugewandte Kunsthandwerk versuchten, weil ihnen eine technische Ausbildung verwehrt war.

Architekturstudium als Ausnahme

Als Emilie Winkelmann sich im Jahr 1901 dazu entschloss, an der Königlichen Technischen Hochschule Hannover Architektur zu studieren, verdankte sie diese Möglichkeit einer Ausnahme, da Frauen zum Studium noch nicht offiziell zugelassen waren. Sie eröffnete damit einen neuen, in Deutschland bis dahin für Frauen ausgeschlossenen beruflichen Weg: die Beschäftigung mit dem architektonischen Raum, in seinem wesentlichen Charakter als von und für Menschen geschaffenem Ort.

Architektin ohne weibliches Vorbild

Indem Emilie Winkelmann nach dem Studium den Schritt in die Selbstständigkeit wagte, definierte sie dadurch ein Profil für Frauen in diesem Beruf, wie es dies bislang noch nicht gab. Sie hatte also kein weibliches Vorbild und musste sich als »erste« Frau in diesem Beruf behaupten.

Das bedeutete, von neu auf eine eigene Handlungsweise und eine entsprechende Haltung gegenüber ihrer Tätigkeit zu finden, um ihre Identität als Architektin zu konstruieren. Damit legte sie eine Spur für die zukünftigen Frauengenerationen, die sich dem Architektinnenberuf widmeten.

Zur Biografie

Emilie Winkelmann wurde 1875 in Aken an der Elbe geboren. Vor dem Studium absolvierte sie eine Lehre im Zimmermannshandwerk. Von 1901 bis 1905 studierte sie an der Königlichen Technischen Hochschule Hannover – möglicherweise jedoch ohne Abschluss als Diplom-Ingenieurin.[1]

1908 machte sich Winkelmann mit einem eigenen Büro in Berlin selbstständig, nachdem sie einen Wettbewerb für einen Saalbau gewonnen hatte. Im Anschluss daran führte sie zahlreiche Aufträge aus und war erfolgreich in ihrem Beruf. Wie Julia Morgan hatte sie oft Frauen als Auftraggeberinnen.

Ihre Architektur zu Beginn des 20. Jahrhunderts zeigt ein Vokabular, das sich zwischen dem zu dieser Zeit herrschenden Historismus und den traditionellen Formen der Landhausbauten bewegt.

Die hervorragende Leistung, eine geschlossene Struktur wie die des Baugeschäftes in seiner Theorie und Praxis zu durchbrechen, führte als Konsequenz nicht zwangsläufig einen Bruch mit den traditionellen Prinzipien des Bauens mit sich. Die neuen Ideen und Paradigmenwechsel manifestierten sich nicht bei den von vornherein als Architektinnen ausgebildeten Frauen, sondern erst bei denen, die sich zunächst im kunstgewerblichen Bereich betätigt hatten. Dieses Phänomen ist mit der Tatsache verbunden, dass die ersten Bauwerke von

Abb. 7:
Wohnhaus Trabener Str. 24 in Berlin-Grunewald
(Zustand 2001)

Zum Werk

Abb. 8:
Emilie Winkelmann,
1951

Frauen im Grunde nicht mit der Absicht entworfen wurden, die zu der Zeit übliche Baukunst zu verändern.

Die ersten Frauen, denen es gelungen war, die Voraussetzungen für ein Architekturstudium zu erfüllen und dieses erfolgreich abzuschließen, wollten ihre Fähigkeiten für den Bau beweisen. Vor allem wollten sie zeigen, dass sie in der Lage waren, Bauten mit den gleichen baulichen und funktionalen Qualitäten wie die ihrer männlichen Kollegen zu erstellen.

Im Falle von Emilie Winkelmann wurden diese Anstrengungen bald belohnt durch ihren Wettbewerbserfolg im Jahre

1908 für ein Saalbaugebäude in der Blumenstr. 10 in Berlin, dessen Entwurf die Architektin 1950 beschreibt: »... ein Bau von der Personenfassung wie die Oetkerhalle Bielefeld, aber nicht so wirkungsvoll, weil er eingeengt zwischen hohen Gebäuden liegt, aber deshalb schwieriger, besonders an den Ausgängen, zu lösen.«[2]

Das Arbeitsvolumen von Emilie Winkelmann in ihren ersten Praxisjahren als reine Pionierin ist bemerkenswert. Von 1908 bis 1912 entwarf und realisierte sie 26 Projekte, die fünf Gebäudetypen zuzuordnen sind: Einfamilienhäuser, Wohn-, Fabrik-, Landwirtschafts- und öffentliche Gebäude (Schule, Studentinnenheim, Ausstellungsgebäude). Dazu erstellte sie Wettbewerbsentwürfe, darunter sogar einen Entwurf für eine Brücke über die Drage im Kreis Dramburg in Pommern.[3]

Insgesamt 26 Arbeiten Emilie Winkelmanns sind im Katalog der Ausstellung »Die Frau in Haus und Beruf« dokumentiert, die 1912 in den Hallen am Zoologischen Garten in Berlin stattfand[2] und nicht nur »Die Frau in der Architektur« präsentierte, sondern beispielsweise auch »Die Frau in der Presse«, »Die Frau als Sammlerin« oder »Die Frau in der Musik« oder »Die Frau in der der Literatur«.[4]

26 Projekte auf der Ausstellung »Die Frau in Haus und Beruf« von 1912

An dieser Ausstellung nahmen – neben der jungen Lilly Reich – zwei weitere deutsche Architektinnen der ersten Generation teil: Elisabeth von Knobelsdorff (1877–1959), die erste Architekturstudentin an der Kgl. Technischen Hochschule in Charlottenburg, die später als erste Frau in Deutschland Regierungsbaumeisterin wurde, und Therese Mogger. Die beiden reichten jedoch lediglich zwei Arbeiten ein.

Der Ausstellungskatalog enthielt den zutreffenden Kommentar: »Das ganze Gebiet der Architektur ist verhältnismäßig spät von dem Eroberungsgeist der Frauen in Angriff genommen worden...«[5]

Einige der dort aufgelisteten Arbeiten von Emilie Winkelmann in Berlin sind noch erhalten: Wohngebäude und Landhäuser, wie beispielsweise ein 1907/08 für Dr. Rudolf Presbe gebautes Wohnhaus in der Trabener Straße 24 in Berlin-Grunewald [Abb. 7], an dem lediglich einige Veränderungen an der Fassade und in der Raumaufteilung vorgenommen wurden, da es in zwei Wohneinheiten aufgeteilt wurde.

Wohnhäuser im Landhausstil

Der ursprüngliche Grundriss hatte eine auffallend breite Diele, von der aus das Wohnzimmer durch Schiebetüren

Abb. 9:
Leistikowhaus in
Berlin-Westend
(Zustand 2001)

zugänglich war. Wohnzimmer und Treppe zum Obergeschoss wurden durch Abrundungen betont.

Das Äußere des Hauses wird von einem Mansardendach mit einem leicht gewölbten mittleren Teil dominiert – eine Dachform, die auch in anderen Landhäusern Emilie Winkelmanns verwendet wurde. Der weiße Putz gibt einen lebendigen Kontrast zu den Dachziegeln. Winkelmanns Landhäuser entsprechen den städtebaulichen Gegebenheiten der jeweiligen Orte und zeigen einen sicheren Umgang mit dem Programm und den baulichen Anforderungen.

Zu den bemerkenswertesten Arbeiten Emilie Winkelmann zählen zwei Berliner Großprojekte: ein Mietshaus aus den Jahren 1909/10 in der Leistikowstraße 2 im Westend sowie das zwischen 1914 und 1916 errichtete Victoria-Studentinnenhaus in der Berlinerstr. 37/38 (heute Otto-Suhr-Allee 18/20).

Leistikowhaus

Das Leistikowhaus [Abb. 9 und 10] ist ein bürgerliches Mehrfamilienhaus mit großen Wohnungen, mit Lichthöfen zur

*Abb. 10:
Innenhof des
Leistikowhauses
(Zustand 2001)*

Belichtung des Haupttreppenhauses und der Dienstbotentreppen, und sogar mit einem Personenaufzug – zur damaligen Zeit ein enormer technischer Fortschritt.

Der Dachbereich ist sorgfältig entworfen. Bei der Fassade verzichtete Winkelmann auf Figuren und verwendete stattdessen im zentralen Bereich als dekorative Elemente einen abgerundeten, erkerartigen Vorsprung mit geometrisch gestalteten Feldern. An der Frontseite befinden sich seitlich loggienartige Fenster. Der mittlere Trakt ist schützend aus der Bauflucht zurückgesetzt, was die Fassade abwechslungsreich macht und ihr Bewegung verschafft.

Bei dem Bau für den »Verein Victoria-Studienhaus« [Abb. 11 und 12], nach der Sponsorin »Haus Ottilie von Hansemann« benannt, handelte es sich um eine Wohn- und Bildungsstät-

Das Victoria-Studentinnenhaus

Abb. 11:
Victoria-Studentinnen-
haus in Berlin-
Charlottenburg
(Zustand 2001)

Initiative einer Stifterin zur Förderung des Frauenstudiums

te für Berliner Studentinnen. Das Projekt war das erste dieser Art in Europa. Der Verein ging auf eine Initiative von Miss Georgina Archer zur Erweiterung des Wissens der Frauen gebildeter Stände zurück. Miss Archer war Lehrerin der Kinder Victorias, die sich selbst für Frauenbildung engagierte und sich von der Initiative begeistern ließ. 1869 begannen unter dem Protektorat der fortschrittlichen Kronprinzessin die Aktivitäten dieses Institutes, das nach ihr »Victoria-Lyceum« genannt wurde. Der Verein war auch der Frauenbewegung verbunden, die damals ihre ersten Schritte machte und die Forderung nach Frauenbildung als Schwerpunkt hatte.[6]

Abb. 12:
Hofansicht des
Victoria-Studentinnen-
hauses (Zustand 2001)

Um die Zulassung von Frauen zur akademischen Ausbildung zu erreichen, wollten einige Frauenorganisationen bzw. ihrer Mitglieder sogar die Universitäten finanziell unterstützen. Ottilie von Hansemann schlug der Kgl. Technischen Hochschule in Charlottenburg vor, 200.000 Mark unter der Voraussetzung zu spenden, dass künftig Studentinnen angenommen würden.[7] Die Hochschule lehnte das Angebot jedoch ab. Ottilie von Hansemann entschied daraufhin, das Geld weiter zu Gunsten der Frauenbildung zu verwenden und stiftete es zur Planung eines Studentinnenwohnheims, das später ihren Namen trug.

Das Projekt, das ebenfalls unter dem Protektorat Victorias stand, sollte diesen Baustein innerhalb der Frauenbestrebungen symbolisieren.

Der Wunsch nach Repräsentation begründete den Stil des fünfstöckigen Gebäudes mit einem ausgebauten Dachgeschoss, in dessen Entwurf die Architektin auf ein historizistisches Repertoire zurückgriff, wie sie es im Bauantrag beschrieb:

Wunsch nach Repräsentation

»Das Äußere des Gebäudes lehnt sich an die Architekturen der II. Hälfte des 18. Jahrhunderts an. Die bebaubare Fläche wird nicht ausgenutzt, denn es sollen Spiel- und Sportplätze vorhanden sein.

Der im Erdgeschoß liegende Saal soll bei festlichen Veranstaltungen mit den Repräsentationsräumen des Studentinnenheims vereinigt und evt. auch an mit beiden Instituten in Verbindung stehende Vereinigungen vermietet werden...«[8] Der Saal wurde später als vom Wohnhaus unabhängiges Theater genutzt und beherbergt heute das Theater »Tribüne«.

Der Eingang des Gebäudes wird durch einen prächtigen, aus sechs Säulen bestehenden Arkadenanbau in der vollen Breite des zurückgezogenen mittleren Trakts betont.

Das umfangreiche Raumprogramm wurde so organisiert, dass eine deutliche Trennung zwischen Gemeinschaftsräumen, Wohn- und Studienbereich gewährleistet war. Die gemeinschaftlich genutzten Bereiche befanden sich im Erdgeschoss, während die Zimmer der Studentinnen in den oberen Geschossen untergebracht waren. Für das Dachgeschoss waren Bibliothek, Leseraum und Ateliers geplant.

Symbol der starken Frauenbewegung

Das Gebäude kann als ein Zeichen der starken Frauenbewegung zu Beginn des 20. Jahrhunderts in Berlin interpretiert werden. Helene Lange hob 1916 in einem Bericht für die Monatszeitschrift »Die Frau« hervor, dass die Architektin Emilie Winkelmann »den Gedanken in Stein umgesetzt hat, der jahrelang das Kuratorium des Victoria-Lyzeums, jener ersten höheren Bildungsanstalt für Frauen, beschäftigt hat«.[9]

Zu dieser Zeit wechselte Emilie Winkelmann ihren Wohn- und Bürostandort zu der von ihr umgebauten Remise an der Fraunhoferstraße 25–27, der an das Grundstück des Victoria-Studentinnenheimes angrenzte. Dort beschäftigte die Architektin ein Team von etwa 15 MitarbeiterInnen, wie die Architektin Gertrud Weiß berichtete.[10]

Nach dem Ersten Weltkrieg entwarf Emilie Winkelmann in Berlin, den Anforderungen der Zeit entsprechend, ein Wohnhaus für Alleinstehende mit gemeinschaftlich zu nutzenden Räumen, das jedoch nicht ausgeführt wurde. In den Jahren danach folgten weitere private und öffentlichen Aufträge.

Mit dem Aufkommen des Naziregimes und der konsequenten Einschränkung der Berufstätigkeit von Frauen zog sich Emilie Winkelmann offiziell aus dem Berufsleben zurück. Sie war jedoch weiterhin mit Aufträgen aus ihrem Freundeskreis beschäftigt, beispielsweise während des Zweiten Weltkriegs mit der Sanierung des im Besitz der Familie von der Schulenburg befindlichen Schloss Grüntals bei Bernau in der Nähe von Berlin. Bis 1951 lebte und arbeitete die Architektin auf dem Landsitz der Schulenburgs in Hovedissen, wo sie 1951 starb.

Eileen Gray:
Design und Architektur
im Maßstab des Inneren

»It was impossible to invent furniture for a place I have no seen.«

Ein Schiff im Felsen:
E. 1027

Vom Meer aus gesehen sieht die Konstruktion in strahlendem Weiß aus wie ein Schiff, das sich an die Küste des Mittelmeeres verirrt hat. Statt sich auf der blaugrünen Fläche zu wiegen, ist es fest im Felsen verankert. Der langgestreckte Baukörper betont die Horizontalität, die verdunkelten Fensteröffnungen stehen im Kontrast zur hellen Außenhülle und Elemente wie Masten, Treppen- und Balkongeländer verstärken den Eindruck, dass hier ein Boot gestrandet ist. Der an der Fassade hängende Rettungsring verleiht dem Bau gezielt einen »maritimen« Akzent. Seine humorvolle Wirkung verrät die Signatur der Schöpferin.

Dieses Haus ist das erste Bauwerk, das nach einem Entwurf Eileen Grays verwirklicht wurde. 1929 wurde es fertig gestellt. Die Architektin nannte es E. 1027 [Abb. 13].

In seiner avantgardistischen Konzeption war das Projekt E. 1027 nicht nur für seine Zeit außergewöhnlich, auch für das gesamte Werk Eileen Grays ist es von grundlegender Bedeutung. Die damals schon anerkannte Designerin hatte zum ersten Mal Gelegenheit, ihre Auseinandersetzung mit Architekturkonzepten in eine von ihr geschaffene Struktur umzusetzen und damit einen eigenen Begriff von Raum zu verwirklichen.

Eileen Gray war 51 Jahre alt, als das Haus E. 1027 errichtet wurde. Es stellt das Resultat eines Entwicklungsprozesses dar, dessen Weg eine der interessantesten und vielseitigsten Karrieren einer Künstlerin des 20. Jahrhunderts beschreibt.

Zur Biografie

Eileen Kathleen Moray Gray wurde am 9. August 1878 auf dem Familiensitz Brownswood in der Nähe von Enniscorthy, County Wesford, in Irland geboren. Sie war das fünfte Kind und stammt aus einer gut situierten bürgerlichen Familie, was ihr eine von materiellen Sorgen freie Kindheit ermöglichte. In

Abb. 13:
Das Haus E. 1027 in
Roquebrune sur Mer

Begleitung ihres Vaters, der sich als Hobby der Malerei widmete, unternahm sie schon als junges Mädchen viele Reisen durch Europa und besuchte unter anderem Deutschland und Italien. Wie es bei Töchtern wohlhabender Familien damals üblich war, wurde sie zunächst von einem Privatlehrer unterrichtet und erhielt eine sprachliche und musikalische Ausbildung.

Im Jahr 1900 unternahm sie in Begleitung ihrer Mutter die erste Reise nach Paris, um die Weltausstellung zu besuchen. Die französische Haupstadt war eine der wichtigsten Metropolen Europas, Zentrum von Kunst, Kultur und mondäner Welt, in dessen aufgeschlossener Atmosphäre sich Raum für moderne Kunst- und Lebensformen bot.

Kurze Zeit später zog die junge Irin nach Paris, um an den renommierten Kunstschulen Colarossi und Académie Julien ihr Studium im Fach Zeichnen fortzusetzen, in dem sie bereits vier Jahre an der Londoner Slade School of Fine Arts Unterricht genommen hatte.

Studium in Paris

Die Zulassung von Frauen zu einer solchen Ausbildung war zu dieser Zeit nicht selbstverständlich. Aber Eileen Gray setzte ihre Ziele konsequent durch, sie war eine der Pionierinnen, die sich dem ohnedies ins Wanken geratenen traditionellen Frauenbild entgegensetzte. Sie nahm an allem teil, was die moderne Ära auszeichnete. Sie verreiste in ferne Länder und ließ sich von der um sich greifenden Begeisterung für die Welt der Technik erfassen. 1905 machte sie den Führerschein, kaufte sich ein Auto, und mit einem der ersten Flugzeuge schwebte sie über die Dächer von Marseille.

Reisen und Technikbegeisterung

1907 mietete Eileen Gray in der Rue Bonaparte 21 am Ufer der Seine eine Wohnung, in der sie bis zu ihrem Tod lebte. Da sie sowohl finanziell als auch geistig unabhängig war, gab es für Gray keine Hindernisse, sich in der mondänen Welt der Pariser Gesellschaft frei zu bewegen. Hier lernte sie bald die wichtigsten Persönlichkeiten der kulturellen und künstlerischen Szene kennen.

In Paris existierten seit dem 18. Jahrhundert zahlreiche Salons wichtiger Damen der Gesellschaft. In den Salons der Herzogin von Clermont-Tonerre, Gertrude Steins oder Natalie Clifford Barneys waren zu Beginn des 20. Jahrhunderts zunehmend Frauen zu Gast, die einen Weg als Malerin, Fotografin oder Schriftstellerin einschlugen. Auch Eileen Gray gehörte zu den Gästen.

Die Salons und Künstlerinnenzirkel der Pariser Rive gauche

Die Kontakte zu verschiedenen Frauenkreisen und deren führenden Persönlichkeiten spielten eine große Rolle in ihrem Leben. Die freizügige Gesellschaft der 20er Jahre gab dazu den Rahmen. Aus privaten Freundschaften entwickelten sich Arbeitsgemeinschaften sowie Kontakte zu KundInnen für ihre exklusiven Möbelschöpfungen.

Von Berenice Abbott, der berühmten Schülerin Man Rays, stammt ein Porträt von 1926 [Abb. 14], das Ausgewogenheit und Souveränität ausstrahlt.

Zum Werk

Grays künstlerische Karriere begann im Handwerk. Sie begründete damit eine »Schule des Machens«. Zunächst widmete sie sich zwei uralten Handwerkstechniken: der Holzlackkunst und der Weberei.

Auf die Kunst des Lackierens war Eileen Gray bereits während ihrer Londoner Zeit aufmerksam geworden. Zur Zeit der Kolonialmächte waren in England Paravents sehr populär. Während eines Spaziergangs in Soho stieß Eileen Gray auf einen Laden, der auf die Restaurierung solcher Dekorations-

Abb. 14:
Berenice Abbott fotografierte Eileen Gray 1926

stücke spezialisiert war. D. Charles, der Inhaber des Geschäfts, informierte sie ausführlich über seinen Beruf, da sie großes Interesse für seine Arbeit zeigte. In dieser Begegnung, auf die Eileen Grays Einführung in die Techniken der Lackkunst folgte, gründete eine langjährige Freundschaft. D. Charles, in dessen Laden Gray eine Zeit lang arbeitete, fungierte später, als sie sich selbst in Paris niedergelassen hatte, als ihr Berater.

Die Techniken der Lackkunst

Neben der handwerklichen Behandlung der Holzoberflächen interessierte sich Eileen Gray auch für Webtechniken. Mit ihrer langjährigen Freundin Evelyn Wyld reiste Gray nach Marokko, um die traditionelle Technik des Teppichwebens zu erlernen. Danach eröffneten sie gemeinsam eine Werkstatt in Paris.

Teppichweben in Marokko

Gray stellte die Entwürfe her, Evelyn Wyld webte die Teppiche. In den Teppichentwürfen, deren Oberfläche meist abstrakte modernistische Kompositionen zeigen, spiegelt sich die Auseinandersetzung Eileen Grays mit zeitgenössischen Kunstströmungen wieder. In der Kombination von Farbe, Form und Material des Teppich- und Möbeldesigns versuchte sie, die abstrakte Geometrie mit der edlen Zeitlosigkeit traditioneller Handwerkstechniken zu verbinden. Letztere erfordern tiefgehende praktische Kenntnisse. Während Gray sich diese im Experimentieren mit dem Material erarbeitete, beschäftigte sie sich gleichzeitig auf abstrakter Ebene damit. Je besser sie die Arbeitstechniken beherrschte, desto eher gelang es ihr, sich vom Material als reinem Mittel zum Zweck zu verabschieden und es produktiv in ihre Arbeit einzubinden. So brachte sie Werke hervor, die zugleich Gebrauchsgegenstände und »autonome« Kunstwerke sind.

Gebrauchsgegenstände und autonome Kunstwerke

In der frühen Produktion Grays entstanden Objekte wie Teller und Schalen bis hin zu Wandschirmen und beweglichen Wänden, den Lackpaneelen. 1907 lernte die Designerin den jungen Japaner Sugawara kennen. Diese Begegnung war grundlegend für ihr weiteres Schaffen. Sugawara war nach Paris gekommen, um Lackarbeiten zu restaurieren, die Japan für die Weltausstellung nach Frankreich geschickt hatte. Für Eileen Gray bot sich so eine Gelegenheit, ihre in London erworbenen Fachkenntnisse zu erweitern und sich in der alten japanischen Lacktechnik unterrichten zu lassen, deren Verfahren noch komplexer als das der chinesischen ist. Die Vorbereitung muss in einer möglichst staubfreien und feuchten Umgebung stattfinden. Der Lack, ein natürliches Baumharz, wird nach und nach in mindestens 22 Schichten auf die Holzfläche aufgetragen. Nach der Trocknung jeder Schicht, deren Härtung mehrere Tage dauert, wird die Oberfläche mit Bimsstein abgerieben, erneut poliert und, ist eine bestimmte Zahl von Schichten aufgetragen, mit dünner Seide überspannt und mit einem Anstrich aus Reisgummi rissfest gemacht.

Einführung in die japanische Lacktechnik

Ihre ersten Lackpaneele schuf sie um 1912. Die Bemalung der Oberfläche zeigte noch vorwiegend figurative Themen mit einem gewissen symbolisch-mystischen Charakter. Schon in der Behandlung des Stoffes beweisen sich die meisterhaften Fertigkeiten der Künstlerin. Das gilt beispielsweise für Grays erstes Lackpaneel »Le Magicien de la Nuit«, dessen Motiv drei stilisierte, leicht graphisch bemalte Figuren bilden. Es zeigt eine Szene, bei der eine Figur der anderen eine Lotusblüte überreicht. Eine geheimnisvolle dritte Gestalt, die frontal platziert ist, beobachtet das Ganze. Die gelb gemalte Lotusblüte steht im Kontrast zum dunklen Hintergrund des Bildes, was der Komposition den Anschein von Dreidimensionalität verleiht.

Mit dieser Arbeit nahm Eileen Gray 1913 zum ersten Mal an einer professionellen Ausstellung, dem »Salon de la Societé des Artistes Décorateurs«, teil, worüber die französische Fachzeitschrift »Art et Décoration« berichtete. Mit dieser Ausstellung gelang es ihr, neue Interessenten für ihr Werk zu gewinnen, so beispielsweise den berühmten Pariser Modedesigner und Kunstsammler Jacques Doucet. Dieser besaß eine wertvolle Sammlung von Kunstwerken des 18. Jahrhunderts, die er zugunsten einer neuen Sammlung zeitgenössischer Objekte auflösen wollte. Als er Eileen Gray eines Tages in ihrem Wohnatelier besuchte, war er tief beeindruckt von ihrem Lackpaneel »Le Destin«. Dessen eine Seite zeigt wieder eine Komposition von drei Figuren, auf der anderen Seite befindet sich eine abstrakte Zeichnung. Sofort kaufte er Gray die Arbeit ab und nahm sie in die Sammlung in seinem Studio in Neuilly bei Paris auf. Mit den Initialen in der rechten oberen Ecke ist dieses Werk das einzige von der Künstlerin signierte.[1] In der folgenden Zeit bekam Eileen Gray zahlreiche Aufträge von Doucet. Für ihn entwarf sie u.a. den »Lotus-Tisch«, dessen aufwendige Details wie die stilisierten Lotusblüten, die die Tischbeine verzieren, den Einfluss des Art-Déco auf ihre frühen Arbeiten erkennen lassen.

Mit dem Ausbruch des Ersten Weltkriegs wurde diese erste Erfolgsphase unterbrochen. Die Zahl der Aufträge nahm ab, und die einstige Weltoffenheit, mit der man junge ausländische Künstler in der Pariser Gesellschaft bisher empfangen hatte, verschwand. 1915 kehrte Eileen Gray in Begleitung von Sugawara und ihren Freundinnen Evelyn Wyld und Kate Weatherby nach London zurück. Eileen Grays Aufenthalt in London erregte Aufmerksamkeit: So widmete ihr beispielsweise die Zeitschrift »Vogue« einen Artikel mit Abbildungen, in dem sie als »Meisterin der Lackkunst« gefeiert wurde. Verdienstmöglichkeiten ergaben sich jedoch nicht daraus.

Lackparavents im Art-Déco-Stil

Aufträge für den Pariser Modeschöpfer und Sammler Jacques Doucet

Abb. 15:
Wohn- und Essraum im Haus E. 1027 mit Bibendum-Sessel und selbst entworfenen Teppichen

Innenraumgestaltung für Madame Mathieu Lévy in Paris

1917 beschloss sie, sich wieder in Paris niederzulassen und ihre Beziehungen zu den bürgerlichen Schichten zu nutzen, um sich erneut etablieren zu können. Bald stellte sich der erste Erfolg ein: Nach Kriegsende erhielt sie auf Empfehlung von Doucet den Auftrag, die Wohnung der Madame Mathieu Lévy in der Rue de Lota neu zu gestalten. Diesmal sollte die Designerin nicht nur das Mobiliar entwerfen, sondern die gesamte Raumkonzeption bis hin zu Details wie Beleuchtungskörpern und Wandverkleidung vornehmen. Einige der bemerkenswertesten Entwürfe Grays im ornamentalen Charakter des Art-Déco gehören zu dieser Gesamtkonzeption. So kann ein beweglicher Wandschirm aus der Wandfläche herausgelöst werden und als durchsichtiger Raumteiler und Lichtregulator fungieren. Ebenso bemerkenswert ist das Liegesofa »Pirogue«, in seinem exotischen Entwurf einem Kanu ähnlich, in dessen Form sich bereits Grays spätere Experimente zu einem der Körperhaltung angepassten Möbeldesign ankündigen.

Das Projekt in der Rue de Lota leitete einen neuen Abschnitt in der Karriere Eileen Grays ein: Ihr Design war von nun an immer auf den gesamten Raum konzentriert. Das Sofa »Lota« mit seiner geraden, strengen Linienführung avancierte zum Prototyp des später von Meistern der Moderne wie Mies van der Rohe und Le Corbusier konzipierten Mobiliars.

In dieser Zeit gab es zur Arbeit Grays wiederholt begeisterte Besprechungen in der internationalen Tagespresse. In einem der Artikel schrieb die Herzogin von Clermont-Tonerre: »Miss Grays Ehrgeiz ist es, den gesamten Raum zu gestalten, von den Vorhängen, den Wandbehängen, den Teppichen und den Stoffen bis zu den Beleuchtungskörpern, um so ein Ganzes zu schaffen, das die Schönheit eines Gedichtes besitzt... In manchen Räumen sind große Flächen mit einem neuartigen Material bedeckt, das eine Verbindung aus Schiefer und Lack zu sein scheint; weiße und schwarze Streifen gemahnen an Planetenbahnen oder die Flügel eines Flugzeuges, mit dem sie durch geometrische Linien verbunden sind.«[2]

Konzepte für den ganzen Raum

Dem positiven Echo auf ihre Arbeit entnahm die Künstlerin die Bestätigung ihrer weitgereiften Fähigkeiten. Sie entschloss sich, unter dem Namen Jean Désert eine eigene Galerie zu eröffnen, die sie 1922 bis 1930 führte. Hier stellte sie die ganze Palette ihrer Designproduktion aus.

Trotz der positiven Resonanz bei KritikerInnen und Kundschaft erwies sich die Vermarktung der exklusiven und von der Produktion her kostenintensiven Möbelstücke äußerst schwierig – im Gegensatz zu den begehrten Wandbehängen und Teppichen, die Gray in Zusammenarbeit mit Evelyn Wyld produzierte.

Anfang der 20er Jahre begegnete Gray dem aus Rumänien stammenden Architekten Jean Badovici, der für die Entstehung des schiffsähnlichen Hauses E. 1027 von Bedeutung war Die Künstlerin, die im Fach Architektur nicht professionell ausgebildet war, setzte sich schon seit langem mit dem architektonischen Raum auseinander. Ihre Studien und Rekonstruktionen einiger Entwürfe des Architekten Adolf Loos zeugen vom Niveau ihrer theoretischen Reflexion.

Eileen Gray trifft Jean Badovici

Badovici, der in Paris Architektur studiert hatte, gab seit 1923 die Zeitschrift »L'Architecture vivante« heraus. In ihr wurden die wegweisenden Konzepte zeitgenössischer Architektur und zeitgenössischen Designs vorgestellt und diskutiert, wozu die VertreterInnen der Moderne selbst Artikel beitrugen. Durch Jean Badovici lernte Eileen Gray auch Le Corbusier, Ozenfant und Léger kennen. Gray und Badovici unternahmen gemeinsam mehrere Studienreisen, auf denen sie Architekturausstellungen, u.a. auch 1927 die Weißenhofsiedlung in Stuttgart – besuchten und weitere Werke moderner Architekten besichtigten. 1931 erschien in »L'Architecture vivante« ein von ihr und Badovici gemeinsam verfasster Text in Dialogform, in dem Grays Positionen deutlich werden: »[Selbst] wenn sich Lyrik im Spiel der Baukörper verlieren kann, sollte der Innenraum bei Licht besehen doch auf die Bedürfnisse des Menschen und auf die Anforderungen und Notwendigkeiten des Privatlebens eingehen und Ruhe und Intimität gestatten. Theorie ist nicht ausreichend für das Leben und erfüllt nicht alle seine Anforderungen. Bei [Architektur] geht es nicht um das Konstruieren schöner Linien, sondern vor allem anderen um die Gestaltung von Behausungen für Menschen.«[3]

Eileen Gray als Baumeisterin

Von 1926 bis 1929 beschäftigte sich Eileen Gray mit der Ausführung des Hauses E. 1027, dessen Planung schon seit 1924 in Bearbeitung war. Eileen Gray stellte die Gesamtkonzeption für das Projekt E. 1027 auf. Sie übernahm zugleich die Bauleitung und wohnte während der Bauphase auf dem Grundstück. Jean Badovici soll der Architektin fachliche Unterstützung geleistet haben bei Fragen, die Statik und Dimensionierung von Bauteilen betreffen. Die Bezeichnung des Bauwerks ist eine Verschlüsselung der Initialen ihrer beider Namen: »E.« steht für Eileen, Buchstabe Nummer 10 des Alphabets ist das J, Nummer 2 das B, Nummer 7 das G. Damit überträgt die Architektin Badovici großzügig einen Anteil an der Urheberschaft des Gebäudes.

Die Bedeutung von E. 1027

Der Entwurf entsprach den grundlegenden Ideen der modernen Architektur, wie sie in Europa in den darauf folgenden Jahren in die Praxis umgesetzt wurden: Stützen, Flachdach, Fensterbänder, freie Grundrisse und unabhängige Fassade. Eileen Gray ging jedoch sehr undogmatisch mit diesen Prinzipien um, nahm Rücksicht auf die Umgebung und orientierte sich an den Bedürfnissen der Bewohner und ihrer Privatsphäre.

Auseinandersetzung mit der zeitgenössischen Architektur

Das architektonische Programm des Hauses war Ausdruck der neuen modernen Gesellschaft nach den Prinzipien des

CIAM (Congrès Internationale de l'Architecture Moderne), stellte aber im Gegensatz zu diesem individuelle Lebensformen in den Vordergrund, statt populistische serielle Prototypen nach dem corbusianischen Motto der »Wohnmaschine« zu entwerfen.

Auf dem steilen und felsigen Grundstück von Roquebrune sur Mer hinterließ Eileen Gray durch dieses Projekt ihre architektonische Handschrift. Indem sie sowohl die Wirkung des Sonnenlichts auf die Außenhaut des Hauses als auch die unterschiedlichen Bewegungsformen der NutzerInnen und des Hauspersonals innerhalb des Gebäudes berücksichtigte, zeigte sie anhand ihrer Entwurfsmethoden ein präzises Verständnis für die funktionalen Anforderungen des modernen Wohnens.

Grays Entwurf plädiert zudem für eine Antihierarchie in der Raumanordnung. Auf der Hauptebene befindet sich ein Wohn- und Essraum [Abb. 15] mit einer Schlafmöglichkeit für Gäste. Entlang dieses Raumes verläuft als Übergang nach Außen eine schmale Terrasse, die für dessen Beschattung sorgt. Auf derselben Ebene befinden sich mit Bad versehene separate Schlaf- und Arbeitsräume. Neben dem Eingangsbereich liegt die Küche, an die eine Kochstelle im Freien angrenzt. Im Erdgeschoss sind Gästezimmer sowie ein kleines Zimmer für ein Hausmädchen vorgesehen. Der untere Außenraum ist als Terrasse angelegt.

Antihierarchie der Raumordnung

Höhepunkt der Planung von E.1027 ist die Integration der Innenraumgestaltung. Die der Architektur angepassten Möbelstücke beeindrucken noch heute durch die Verbindung von künstlerischer Originalität und Funktionalität.

Eileen Gray begeisterte sich bei der Möbelherstellung für die Verwendung neuartiger Industrieprodukte wie beispielsweise Glas- und Stahlrohr, wie sie auf der von Walter Gropius geleiteten Werkbundausstellung 1930 in Paris präsentiert wurden. Stahlrohr setzte sie z.B. bei der Innenausstattung des Hauses E. 1027 ein: bei dem gleichnamigen höhenverstellbaren Tisch [Abb. 16], dem ergonometrisch konzipierten Sessel »Transat« und dem »Nonkonformist«-Stuhl mit nur einer Armlehne.

Vorliebe für neuartige Materialien

Nur wenige wissen heute, dass der in seiner schlichten Kombination einer runden Fläche und einer Senkrechten elegante, zweckmäßige und zeitlos schöne Beistelltisch E. 1027 von der irischen Designerin und Architektin entworfen wurde.

Abb. 16:
Beistelltisch E. 1027
von ClassiCon, München (2001)

Zerstörungsakt

Tempe à Pailla: Zeit für Stroh

Mit dem Entwurf für E. 1027 schuf Eileen Gray ein wegweisendes Werk der Moderne, welches wegen seines exemplarischen Charakters neben Mies van der Rohes »Barcelona-Pavillon« einen ebenbürtigen Platz in der Architekturgeschichte verdient.

Auch Le Corbusier war von der Qualität des Gebäudes beeindruckt, hielt sich oft als Gast in Roquebrune sur Mer auf und baute letztendlich sogar eine Hütte neben dem Haus. Er bekannte seine Faszination durch eine – Grays Konzept vollkommen widerstrebende – Bemalung der Wandflächen im Wohnzimmer. Eines der Gemälde, das eine deutliche Provokation für Gray darstellte, war eine Aktzeichnung mit drei weiblichen Figuren, die er in den folgenden Jahren mehrmals veröffentlichte. Le Corbusiers Eingriffe bildeten den Auftakt für eine in der Folge systematische Zerstörung des Baus.[4]

Auf das Haus an der Küste folgte bald ein neues Projekt: Von 1932 bis 1934 baute Eileen Gray ganz in der Nähe, in Castellar, ein Haus, das sie »Tempe à Pailla« nannte. »Zeit für Stroh« benötigen die Feigen in der Region für ihre Reifung, ebenso wie Eileen Gray Zeit für ihre Arbeit.

Die Bodenverhältnisse des Grundstücks an einer kurvenreichen, abschüssigen Bergstraße gestalteten die Bauumstände

schwieriger als bei E.1027. Zudem befanden sich auf der kleinen Baufläche drei Zisternen. Für die verbleibende Wohnfläche musste Eileen Gray ihre für eine soziale Bauweise geltende Maxime »Minimum an Raum, Maximum an Komfort«[5] beweisen. Das gelang ihr hervorragend, indem sie die Möglichkeit einer freien Fassade nutzte, die mit dem Kontakt nach außen Raum schuf [Abb. 17]. Zugleich wurde die Gliederung des Innenraums keinen Hierarchien unterworfen. Garage und Keller wurden in den Komplex integriert, indem die durch die drei Zisternen gebildeten Zwischenräume in den vertikalen Achsen des Hauses genutzt wurden.

Abb. 17:
Tempe à Pailla:
Blick vom Wohnraum
zur Terrasse

Gray setzte auch subtile funktionale Lösungen wie einen beweglichen Sonnenschutz ein, um die Klimaregulierung zu optimieren.

In den Jahren nach der Fertigstellung ihres Hauses »Tempe à Pailla« pendelte Eileen Gray die nächsten Jahre zwischen Paris und Südfrankreich. Sie gestaltete weitere Entwürfe für Teppiche und Möbel und entwickelte Konzeptionen komplexerer Raumprogramme, so beispielsweise Pläne für ein Textilinstitut oder ein Ferien- und Freizeitzentrum. Letzteres beschrieb Le Corbusier begeistert im Katalog zur internationalen Ausstellung »Art et Technique« (1937). Der Architektin sei es mit diesem Entwurf gelungen, dem neuen Phänomen des Tourismus der »Leute mit kleinem Geldbeutel« auf der einen, dem Gastronomie- und Tourismusgewerbe auf der anderen Seite gerecht zu werden, indem sie in ihrem Projekt moderne Marktstrategien und einfache, flexible Unterbringungsmöglichkeiten verbinde. Ein Selbstbedienungsrestaurant und eine Snackbar nehmen Trends moderner Lebensweisen vorweg.[6]

Zwar wurden nur wenige ihrer Bauprojekte realisiert, doch nahm Gray an Architekturwettbewerben teil, und mehrere Skizzenbücher und Modelle dokumentieren ihre eigenständige Arbeit als Architektin.

Konzepte für komplexere Raumprogramme

Grays letztes Haus: Lou Pérou

1954 begann Eileen Gray mit der Realisierung ihres letzten Hausprojekts, »Lou Pérou«. Es handelte sich um den Um- und Ausbau eines kleinen Bauernhauses auf einem Grundstück in der Nähe von St. Tropez, das sie 1939 erworben hatte.

Weil die Wohnfläche des Häuschens nur aus einem einzigen Raum bestand, fügte Gray einen Seitenflügel an und gliederte freie Flächen in Form einer Terrasse und einer Plattform an. Von dort aus konnte man den Blick über die angrenzenden Weinberge wandern lassen und den Sonnenuntergang betrachten. Für »Lou Pérou« entwarf sie keine neuen Einbaumöbel, sondern möblierte die Innenräume mit Stücken aus ihrer früheren Produktion.

Wiederentdeckung der Designerin und Architektin

1970 entdeckte der amerikanische Sammler Robert Walker das Werk der zu diesem Zeitpunkt bereits über 90 Jahre alten Künstlerin wieder. Dies brachte Grays Arbeiten erneut Aufmerksamkeit. Unter den neu gewonnenen InteressentInnen befanden sich die Nachfahren des Maharadschas von Indore, dem Besitzer eines »Transat«-Sessels. Diese wollten Eileen Gray erneut mit Entwürfen beauftragen. Mittlerweile war sie jedoch zu alt zum Reisen und lehnte ab mit der Erklärung: »Ich kann für einen Raum, den ich nicht sehen kann, nicht planen.« Den unerwarteten, späten Ruhm nahm Eileen Gray mit Humor.

Die moderne Architekturgeschichte ist es ihr nach wie vor schuldig, ihrem Werk einen adäquaten Platz in der Moderne zukommen zu lassen.

Am 31. Oktober 1975 starb die Designerin und Architektin Eileen Gray im Alter von 97 Jahren in Paris.

Lilly Reich:
Der Raum als Poetik des Alltags

*»Wie der Weg gefunden werden wird zu der neuen Form...?
Wohl nicht in den Spuren der heute maßgebenden Kreise.«*

Lilly Reich und das Bauhaus

Der Name Lilly Reich wird oft mit dem Bauhaus in Verbindung gebracht, wo sie für kurze Zeit als Lehrkraft tätig war. Zu dieser Zeit war sie bereits eine etablierte Designerin und Innenarchitektin. Tatsächlich verband sie jedoch viel mit diesem bekannten Institut, das zum ästhetischen Symbol einer neuen wirtschaftlichen und sozialen Ordnung wurde und das sich zur Aufgabe gemacht hatte, den modernen Menschen vor einer Entleerung durch Massenproduktion zu retten.

Bereits bevor sie als Leiterin der Abteilungen Weberei und Ausbau 1932 im Bauhaus in Dessau tätig wurde, vertrat sie ähnliche Prinzipien. Die Arbeiten und Konzeptionen Lilly Reichs waren ebenso fortschrittlich wie die Ideen des Bauhauses – fortschrittlich in einer Welt, die, kaum hatte sie die Schrecken eines Krieges und dessen Konsequenzen überstanden, sich wieder dem Totalitarismus zuwandte. Dadurch wurde neben vielen anderen Tendenzen auch die Frauen-Baukultur, die in den 20er und 30er Jahren gerade einen Höhepunkt erreichte, abrupt beendet.

Zur Biografie

Lilly Reich wurde am 16. Juni 1885 in Berlin geboren. Sie wuchs mit ihren Geschwistern in Berlin-Kreuzberg auf. Ihre Mutter kam aus Thüringen, der Vater, zunächst Ingenieur bei Siemens, gründete später eine Elektrofabrik.

Zwischenstation bei der Wiener Werkstätte

Ihre Schulzeit absolvierte Lilly Reich bis zum Abitur in Berlin, wurde danach zur Kurbelstickerin ausgebildet und ging 1908 nach Wien, um dort bei Josef Hoffmann in der Wiener Werkstätte zu arbeiten. Die Wiener Werkstätte war 1903 im Anschluss an die englischen Werkstättengemeinschaften von Künstlern und Handwerkern gegründet worden und hatte die Neubewertung des Kunstgewerbes zum Ziel.

Engagement beim Deutschen Werkbund

1911 kehrte Reich nach Berlin zurück und übernahm ihre ersten Aufträge. Im darauffolgenden Jahr wurde sie Mitglied im 1907 gegründeten Deutschen Werkbund, eines Verbands von KünstlerInnen und ArchitektInnen zur Förderung des

Abb. 18:
Lilly Reich

modernen Industriedesigns, der im Gegensatz zur Kunstgewerbebewegung auf Industrie und Massenproduktion ausgerichtet war. 1920 wurde sie als erste Frau in den Vorstand gewählt.

Bis 1924 führte Reich in Berlin ein Atelier für Innenarchitektur, Dekoration und Mode. In diesem Jahr unternahm sie auch Reisen nach England und Holland, um dort die neuen Wohnsiedlungen zu studieren. Anschließend wechselte sie ihren Standort und eröffnete ein Atelier für Mode und Ausstellungsgestaltung in Frankfurt am Main.

Ateliers für Innenarchitektur und Mode in Berlin und Frankfurt am Main

Abb. 19:
Die Arbeiterwohnung
in »Die Frau in Haus
und Beruf« von 1912

Gruppe 3:
Die Arbeiterwohnung.
Raum 42.

Entwurf: Frl. LILLY REICH.

Die Einrichtung der Arbeiterwohnung ist von dem Gesichtspunkt der Einfachheit, Billigkeit, Zweckmässigkeit geleitet. Wert wurde besonders darauf gelegt, gutes Material, gute solide Arbeit, einfache Formen zu geben und doch einen behaglichen Eindruck zu erzielen. Wohnplatz und Küche liegen in einem Raum. Die Möbel in beiden Zimmern sind aus Kiefernholz gefertigt, in der Küche gestrichen, im Schlaf- und Wohnraum gewachst und unpoliert. Die Farbe und Art der gewachsten Möbel ist gleich gewählt, um bei verminderten Räumen die Möglichkeit zu geben, die Möbel untereinander zu stellen. Jedes Möbel ist zweckmässig und platzausnutzend gearbeitet. Der Herd, ein neues Modell der Centralwerkstatt, ist geschlossen und besitzt dadurch den Vorzug, die Wärme zu sammeln und Gas zu sparen, der Unterbau ist ausgenutzt als Geschirrschrank. Die Fensterbekleidung ist einfach, um Licht und Luft hereinzulassen und keine Staubfänger zu schaffen. Die Stoffe hierzu ebenso wie zu dem Sofabezug sind im Preise den Gesamtkosten angemessen. Die Einrichtung kostet **681.50 Mark**. Speisekühlschrank: Frau Lise Lend, Mannheim.

Ausführende Firmen:

Möbel des Wohn- und Schlafzimmers:
   Hermann Hetzel & Co., Elisabethufer 53;

Möbel der Küche:
   Franz Linke, Küchenmöbelfabrik und Lager, Köpenicker Strasse 175;

Gasherd, Gasautomat, Volksbadewanne:
   Centralwerkstatt Dessau, Spezialfabrik für Gasapparate der Deutschen Continental-Gas-Gesellschaft.

Inventar der Arbeiterwohnung.

Schlafzimmer: Ein Kleiderschrank 75.— M., ein Waschtisch 38.50 M., zwei Betten à 52.50 = 105.— M., ein Nachtschrank 25.— M., ein Spiegel 16.50 M., zwei Stühle à 10.— M. = 20 M. Summa: 280.— M.

Wohnzimmer: Ein Schrank 99.— M., ein Bücherbord 16.50 M., ein Nähtisch 23.— M., ein Esstisch 53.— M., zwei Stühle 20.— M., ein Lehnstuhl 40.— M., Sofa 90.— M. Summa: 321.50 M.

Küche: Ein Küchenbüfett 50.— M., ein Geschirrahmen 11.— M., ein Tisch mit Linoleum 10.— M., zwei Stühle à 4.50 M = 9.— M. Summa: 80.— M.

Schlafzimmer 280.— M., Wohnzimmer 321.50 M., Küche 80.— M., **Gesamtsumme:** 681.50 M.

Intensive Zusammen-
arbeit mit Mies van
der Rohe ab 1927

1927 kehrte sie wieder nach Berlin in ihr Atelier zurück. Es begann eine intensive Zusammenarbeit mit dem bedeutenden Architekten Mies van der Rohe. Anfang 1932 übernahm Lilly Reich die Leitung der Abteilungen Weberei und Innenausbau des Bauhauses in Dessau. Ende 1932 wurde sie von ihrem Posten enthoben.

1939 ging Reich nach Chicago, wo Mies van der Rohe im Exil lebte, kehrte allerdings wieder nach Berlin zurück. Es folgten schwere Kriegsjahre; während einer Bombardierung verlor sie ihr Atelier.

Nach Kriegsende eröffnete sie ihr Atelier für Mode, Architektur und Design wieder und unterrichtete von 1945 bis 1946 an der Hochschule für Bildende Kunst in Berlin, musste diese Tätigkeit jedoch bald aus gesundheitlichen Gründen aufgeben. 1947 starb Lilly Reich in Berlin.

Zum Werk

Typisch für die ersten Jahrzehnte des letzten Jahrhunderts war die Beschäftigung von Frauen mit Textilien und Nähtechniken, eines der wenigen Gebiete im Bereich Kunstgewerbe, das damals für Frauen als angemessen galt. Reich absolvierte zunächst eine kunstgewerbliche Ausbildung. Sie war Schülerin der Künstlerin Else Oppler-Legband.[1] Von Beginn ihrer beruflichen Laufzeit an arbeitete sie selbstständig.

Kunstgewerbliche Ausbildung

Durch ihre Experimente und Erfahrung sowohl in der Innenraumgestaltung als auch in der Planung von Ausstellungsräumen qualifizierte sie sich weiter für die Aufgaben der Innenarchitektur, als Planerin und als Dozentin, daneben war sie immer wieder als Modedesignerin tätig.

Zu den ersten Aufträgen Lilly Reichs gehörte die Ausführung von Schaufensterdekorationen. Noch im Jahr 1910 gestaltete sie für die Berliner Elefanten-Apotheke eine Schaufensterdekoration, die in ihrer Originalität und ästhetischen Wirkung für die Zeit außergewöhnlich war. Sie stellte nicht nur die zu verkaufenden Waren aus, sondern auch die Utensilien, die für deren Produktion benutzt wurden. Ihre Ideen hatten Erfolg, sodass sie bald auch für große Unternehmen wie die Firma Wertheim als Dekorateurin tätig wurde.

Originelle Schaufensterdekorationen

Im selben Jahr entwarf Reich die Inneneinrichtung zweier Räume für einen Kindergarten in Charlottenburg: ein Kinderzimmer und ein Wohnzimmer. Die von ihr entworfenen Möbel sind für die damalige Zeit sehr fein und schlicht gearbeitet, klar gegliedert und kommen ganz ohne Schmuck oder überflüssige Dekorationen aus.

Die gleiche sparsame Entwurfskonzeption verwendete sie in ihrem Entwurf für eine »Arbeiterwohnung«, die sie 1912 auf der Ausstellung »Die Frau in Haus und Beruf« präsentierte, in der auch Emilie Winkelmann zahlreiche Werke und Bauten zeigte.[2]

Konzepte für die Wohnungen der wachsenden Arbeiterklasse zu entwerfen, war eine der Hauptaufgaben im ersten Viertel des 20. Jahrhunderts. Auch die damals aufgrund des großen Anteils von Frauen in der industriellen Produktion sehr verbreiteten Frauenvereine waren mit diesem Thema beschäftigt.

Hauptaufgaben für ArchitektInnen

»Das Haus der Frau«
1914

Lilly Reich war nicht nur Mitglied im Deutschen Werkbund, sondern gehörte – wie ihre Freundin Anna Muthesius und Else Oppler-Legband – auch zum Vorstand des »Hauses der Frau«. In diesem von einer Architektin geplanten Ausstellungsgebäude wurden kunstgewerbliche Erzeugnisse von Frauen präsentiert. Es war Bestandteil der 1914 in Köln stattfindenden Werkbundausstellung, auf der beispielsweise auch Bruno Tauts Glaspavillon präsentiert wurde.

Die Kriegsjahre und die darauf folgende Krisenzeit schränkten die Perspektiven der jungen Innenarchitektin stark ein. Sie widmete sich wieder der Arbeit mit Stoff und Modeschneiderei.

1920 betraute der Werkbund Lilly Reich mit der Konzeption einer Ausstellung kunstgewerblicher Stücke, die als Wanderausstellung in den USA gezeigt werden sollte. Diese Arbeit brachte ihr Anerkennung auf nationaler und internationaler Ebene ein.

Ausstellungsgestalterin
bei der Frankfurter
Messe

Als sie 1924 nach Frankfurt ging, wo sie beim Messeamt als Ausstellungsgestalterin für verschiedene Projekte engagiert wurde. Eines dieser Projekte war die Raumgestaltung für die 15. Internationale Messe Frankfurt »Von der Faser zum Gewebe«. Lilly Reich zeigte eine innovative Konzeption, in der – ähnlich wie bereits bei ihrer Schaufenstergestaltung der Elefanten-Apotheke – die Materialien und Techniken und nicht nur das Endprodukt zum Thema der Darstellung gemacht wurde. Dabei konnte Reich auch ihre guten Kenntnisse eines ihrer Lieblingsmaterialien – den Stoff – unter Beweis stellen.

Bekanntschaft mit
Mies van der Rohe

Der Aufenthalt in Frankfurt von 1924 bis 1927 ist der Beginn der erfolgreichsten Phase in der Karriere Lilly Reichs. In diese Zeit fällt zudem ein Ereignis, welches das Leben Lilly Reichs sehr beeinflussen sollte: die Bekanntschaft mit dem Architekten Mies van der Rohe. Aus dieser Bekanntschaft, die schon Mitte der 20er Jahre begann, entwickelte sich eine fruchtbare Zusammenarbeit in der Moderne zwischen zwei ArchitektInnen unterschiedlichenGeschlechts.

Mies van der Rohe, der eine solide Ausbildung als Architekt genossen und in namhaften Ateliers gearbeitet hatte, konnte bis zu diesem Zeitpunkt keine nennenswerten Bauwerke realisieren, auch wenn er in Arbeitsgruppen und im Werkbund sehr aktiv war.[3]

Abb. 20:
Wohnzimmer auf der Stuttgarter Werkbundaustellung von 1927

Die erste Zusammenarbeit von Mies van der Rohe und Lilly Reich wurde im Jahr 1927 auf der Werkbundausstellung »Die Wohnung« auf dem Weißenhof in Stuttgart präsentiert. Zu dieser Ausstellung trafen sich unter der Leitung von Mies van der Rohe 16 international bekannte Architekten aus fünf Ländern, die sich in einer Zeit des technologischen Fortschritts und der sozialen Änderungen mit dem Problem des Wohnens beschäftigten.

Unter den Teilnehmern, die in der Weißenhofsiedlung Wohnhäuser nach den Prinzipien der modernen Architektur bauten, waren neben Mies van der Rohe u.a. Peter Behrens, Walter Gropius, Le Corbusier, J.J.P. Oud, Hans Scharoun, Bruno und Max Taut. Die Weißenhofsiedlung setzte Maßstäbe für die Mindestanforderungen der Wohnungsaustattung. Mies bestand darauf, dass jede Wohnung mit Zentralheizung, Bad und Toilette ausgestattet war.

Die Weißenhofsiedlung

Lilly Reich wurde für die Werkbundausstellung mit der Gestaltung der zusätzlichen Ausstellungshallen beauftragt.[4] Sie behielt die innenarchitektonische Konzeption bei, die sie

Gestaltung der Ausstellungshallen für die Werkbundausstellung

bereits bei den Ausstellungen der Frankfurter Messe erfolgreich angewandt hatte: Sie organisierte Räume, in denen die entsprechenden Ausstellungsmaterialien das Hauptthema darstellten. Dafür entwickelte sie einen klaren, fast neutralen Rahmen mit einer großformatigen, von Willi Baumeister stammenden, eleganten Beschriftung auf weiß gestrichenen Wänden. Eine der Hallen, in der die ArchitektInnen die Materialien Stoff, Linoleum und Spiegelglas präsentierten, wurde von ihr in Zusammenarbeit mit Willi Baumeister und Mies van der Rohe auch inhaltlich bearbeitet.

Wohnungseinrichtung für das Mies van der Rohe-Haus

Lilly Reich gestaltete daneben die Wohnungseinrichtung für ein von Mies van der Rohe entworfene Wohnhaus. Es handelte sich dabei um eine Möblierung, die sich auf die wichtigsten Elemente beschränkte. Im Wohnraum standen lediglich ein Teetisch, zwei Sessel, zwei niedrige Bücherregale sowie ein für die Einrichtung von Lilly Reich typischer großer Arbeitstisch und der Weißenhofsessel [Abb. 20].

Die Räume erhielten leichte Vorhänge, die nicht als Barriere zum Außenbereich wirkten, sondern deren Funktion in der Regulierung der Belichtung des Innenraums bestand. Die Fußbodenfläche war mit Linoleum belegt. Im Kontrast zur schlichten Möblierung war der Fußbodenbelag farbig – rot und blau – oder weiß.

Auch im Ausstellungsbereich »Die Wohnung« stellten Lilly Reich und Mies van der Rohe eine Gemeinschaftsarbeit aus. Unter dem Titel »Wohnraum in Spiegelglas« zeigten beide ArchitektInnen die Effekte von großen Wandflächen mit Glasverkleidung, eine Neuigkeit für die damalige Zeit.

Berliner Seidenausstellung

Reich und Mies, wie Mies van der Rohe in ArchitektInnenkreisen genannt wurde, stellten 1927 auch gemeinsam auf der Berliner Modeausstellung aus, die dem Thema Seide gewidmet war [Abb. 21]. Dort erstellte Lilly Reich Raumkonzeptionen mit an Metallgestellen hängenden Stoffbahnen, die in gerade oder abgerundeter Form als Raumteiler dienten. Solche Konzeptionen wurden in späteren Projekten der beiden ArchitektInnen – wie dem Barcelona-Pavillon oder dem Haus Tugendhat – wiederaufgegriffen.

Der Erfolg Lilly Reichs mit der von ihr konzipierten Halle der Stuttgarter Werkbundausstellung qualifizierte sie als Verantwortliche für die künstlerische Leitung der gesamten deut-

schen Vertretung auf der 1929 stattfindenden Internationalen Ausstellung in Barcelona. Reich organisierte von Berlin aus die Teilnahme der deutschen Aus- und Hersteller. Die Ausstellungsthemen wurden in Abteilungen getrennt, die jeweils von Architekten betreut wurden.

In Zusammenarbeit mit Mies van der Rohe gestaltete Lilly Reich die Räume für »Chemie« und »Seide« [Abb. 22]. Die Ausstellungsstücke aus Stoff hingen an metallgerahmten Glasscheiben, die teils längs und niedrig, teils höher und schmäler waren. Durch das Glas erhielt der Ausstellungsbereich Licht und Transparenz. Die Ausstellungselemente schienen einer eigenständigen abstrakten Ordnung zu folgen. Es entstand ein fließender Raum ohne Zentrum oder Peripherie. Sitzplätze aus strohgeflochtenen Weißenhof-Sesseln und Metallrohrtischen sorgten für eine wohnliche Atmosphäre und für Ruheplätze.

Die Räume, die dazu dienen sollten, die Herstellungsqualität deutscher Fabrikate zu präsentieren, machten die hohe Kompetenz Lilly Reichs in Sachen Materialkunde und den

Abb. 21: Modeausstellung in Berlin 1927

Internationale Ausstellung in Barcelona 1929

Fließender Raum

Abb. 22:
Ausstellung in Barcelona 1929 (»Seide«)

einfühlsamen Umgang beider ArchitektInnen mit dem Raum deutlich.

Lilly Reich stand Mies van der Rohe in Fragen des Materials und der Farbgebung bei vielen Projekten zur Seite. Wie weit der Einfluss der erfahrenen Designerin und Innenarchitektin auf die Entwürfe Mies van der Rohes ging, ist jedoch immer noch ungeklärt. AutorInnen wie z.B. Ludwig Glaeser stellen fest, dass das Interesse von Mies van der Rohe an Möbeln und Ausstellungsgestaltung erst seit seiner Bekanntschaft mit Lilly Reich begann.[5] Tatsächlich hat die schwere und massive Architektur von Mies van der Rohe aus der Zeit vor 1927 kaum Verwandtschaft mit der leichten, fast metaphysischen Eleganz des Barcelona-Pavillons [Abb. 23].

Reichs Einfluss auf Mies van der Rohe

Vergleicht man die Raumordnung und die Anordnung der Elemente des von Reich und Mies van der Rohe gestalteten Ausstellungsraums mit denen des Pavillons, werden ähnliche ästhetische Prinzipien bemerkbar.

Mies van der Rohes Barcelona-Pavillon

Die für den Ausstellungsraum charakteristische Glasscheibe im Innenraum wurde im Pavillon durch Steinscheiben als Abgrenzung zum Außenraum verwendet. Die Sichtbarkeit der Umgebung blieb erhalten, ebenso wie die Platzierung der Sitzgruppe; Stützen übernehmen die vertikalen Linien. Der Pavillon übersetzt die konzeptuelle Struktur des Ausstellungsraums in eine rein architektonische Sprache.

Der Pavillon auf der Internationalen Ausstellung in Barcelona hatte keine spezifische Funktion. Es handelte sich um

Abb. 23:
Mies van der Rohes
Barcelona-Pavillon

einen temporären Bau, der als Kulisse für die Eröffnungszeremonie mit dem spanischen Königspaar genutzt und nach der Ausstellung abgerissen wurde. Wegen seiner zentralen Bedeutung als eines der Meisterwerke der modernen Architektur wurde der Pavillon 1986 originalgetreu wieder aufgebaut.

Das Haus Tugendhat

Wie bei dem Barcelona-Pavillon handelt es sich auch bei dem zwischen 1928 und 1930 nach der Planung Mies van der Rohes entstandenen Haus Tugendhat in Brünn um einen exemplarischen Entwurf der klassischen Moderne.

An der Inneneinrichtung von Haus Tugendhat war Lilly Reich mit Möbelentwürfen beteiligt. Auch für die Materialauswahl übte sie beratende Funktion aus. Die gesamte Planung basiert stark auf den räumlichen Konzeptionen sowohl des Barcelona-Pavillons als auch der Berliner »Seidenausstellung«. Zum einen wurde das Konzept des fließenden Raumes weiter entwickelt, zum anderen wurde ein halbrunder Raumteiler zur Abtrennung des Essraums benutzt, der den abgerundeten Formen der Raumteiler auf der Berliner Seidenausstellung ähnelt. Die Bauherrin Grete Tugendhat betonte 1969

Abb. 24:
Damenschlafzimmer im Erdgeschosshaus auf der Berliner Bauausstellung von 1931

»Die Wohnung unserer Zeit« 1931

in einem Vortrag, dass sich Mies van der Rohe bei der Innenraumausstattung lange vor Ort von Lilly Reich beraten ließ.[6]

Für weitere Häuser Mies van der Rohes gestaltete Lilly Reich die Inneneinrichtung. Eigene architektonische Entwürfe fertigte sie für die Ausstellung »Die Wohnung unserer Zeit«, einer Abteilung der Berliner Bauausstellung 1931, zu deren Sachverständigenausschuss sie gehörte und deren Gesamtleitung Mies van der Rohe innehatte. Neben der Innenraumgestaltung des von ihr entworfenen »Erdgeschosshauses« umfasste der Beitrag Lilly Reichs für die Berliner Bauausstellung auch die Inneneinrichtung des von den Architekten Schmidt, Vorhoelzer, Wiederanders und Hacker entworfenen »Boardinghauses«.

Die Ausstellungsabteilung »Die Wohnung unserer Zeit« sollte als Fortsetzung der Stuttgarter Ausstellung adäquate Wohnungstypen für die neuen Anforderungen des modernen Haushalts präsentieren. In diesem Zusammenhang versuchten die Architekten, verschiedene Wohntypen für unterschiedliche Wohnsituationen bzw. Wohnbedürfnisse zu ent-

wickeln. Im »Boardinghaus« wurden fünf Wohnungstypen dargestellt: »Wohnung für den einzelnen Mann«, »Wohnung für die einzelne Frau«, »Wohnung für zwei Frauen«, »Wohnung für das Ehepaar« und »Wohnung mit Arbeitsraum für den geistigen Arbeiter«. Bei diesen innovativen Wohnkonzeptionen waren einige Haushaltsfunktionen als gemeinsam zu nutzende Einrichtungen vorgesehen, wie z.B. Restaurant, Spielzimmer, Lese- und Plauderzimmer. Diese Räume befanden sich im Erdgeschoss, alle weiteren Wohnräume im Obergeschoss.

Die von Lilly Reich entworfenen und im Katalog der Berliner Bauausstellung veröffentlichten Grundrisse der Ledigen- und Ehepaarwohnungen zeigen sehr gut proportionierte und äußerst sparsam möblierte Wohnbereiche. Die Wohnflächen waren gering: 35 m^2 für die Einpersonenwohnung, 53 m^2 für die Zweipersonenwohnung.

Diese Wohnungen präsentierten als Novum einen »Kochschrank«, der in die Innengestaltung integriert und für die Vorbereitung von schnellen Speisen geeignet war. Alle not-

Abb. 25: Herrenschlafzimmer im Erdgeschosshaus

Fünf Wohnungstypen

Ledigen- und Ehepaarwohnungen

Kochschrank

59

wendigen Teile wie Herd, Spüle, Arbeitsplatte oder Schubladen waren in diesem durch Rolläden verschließbaren Schrank enthalten. Unmittelbar in der Nähe des Schrankes befand sich ein Esstisch.

Beide Wohnungen hatten einen großen Arbeitstisch. In der Ledigenwohnung wurde die Raumfolge so disponiert, dass sich zwischen Badezimmer und Kochschrank Platz für einen geschlossenen Raum als Ankleidebereich ergab.

Reich- und Mies-Haus

Das Erdgeschosshaus [Abb. 26] wurde in zwei Einheiten geteilt: rechts das »Mies-Haus«, links das »Reich-Haus«, dessen Grundriss Lilly Reichs Überlegungen zu Wohnformen dokumentierte.

Die Innenraumgestaltung war in jeder Haushälfte unterschiedlich. In beiden Fällen handelte es sich um eine Wohnung für zwei Personen. Lilly Reichs Teil bestand aus einem Wohnraum, zwei getrennten Schlafzimmern – Damenschlafzimmer [Abb. 24] und Herrenschlafzimmer [Abb. 25], die quadratisch, gleich groß und durch Wandschränke und Nassräume getrennt waren. Dazu kamen als Nebenräume Küche, Bad und Kammer. Die Küche war geräumig und befand sich in unmittelbarer Nähe des Wohn-/Esszimmers.

Die Möblierung

Die Möblierung bestand aus Elementen, die für die Interieurs Lilly Reichs schon klassisch waren: große, offene Regalmöbel, ein mit Rolladen verschließbarer Wohnzimmerschrank sowie ein großer Arbeitstisch im Wohnzimmer, der die Arbeit zu Hause ermöglichte. Im Esszimmer war derselbe Tisch zu sehen, der auch in der Stuttgarter Ausstellung von 1927 gezeigt worden war, zusammen mit den von Lilly Reich entworfenen Metallrohrstühlen LR 120.[7] Einige von Mies van der Rohe entworfene Sessel standen ebenfalls im Raum.

Die Holztische waren – ebenfalls typisch – aus schmalen Teilen gebaut. Die Tischplatte des Arbeitstischs war teilweise mit Leder bezogen. Gardinen aus leichtem Stoff filtrierten das Licht im Raum. Im Wohnzimmer lag ein naturfarbener, handgeknüpfter Schafwollteppich, der von der Weberin Alen Müller hergestellt war. Bilder und Pflanzen komplettierten das beruhigende und »wohnliche« Ambiente – im Gegensatz zu den Wohnungsgestaltungen von Mies oder Gropius, die oft zu übertriebenem Luxus oder zu schematischem Funktionalismus neigten.

Auch für die Berliner Bauausstellung 1931 organisierte Reich eine »Materialienschau«. Diese zeigte einen systematischen Fachüberblick über die zeitgenössischen Baustoffe und unterteilte sich in 24 Materialgruppen, von Marmor bis Glas.

Nach der Teilnahme an der Berliner Bauausstellung eröffnete sich für Lilly Reich der Weg zum Bauhaus. Ab 5. Januar 1932 übernahm sie die Leitung zweier Werkstätten: Weberei und Ausbau.

Die Weberei war eine der wenigen Abteilungen, der traditionell eine Frau als Verantwortliche vorstand. Vor Reich war Gunta Stölzl, die Ende 1931 gekündigt hatte, langjährige Leiterin der Webereiabteilung. Die Mitwirkung Lilly Reichs im Bauhaus schien allerdings nicht ohne Konflikte und Diskrepanzen unter den Lehrkräften abgelaufen zu sein.[8]

Mit dem Aufkommen des Nationalsozialismus brach eine schwere Zeit für das als politisch links geltende Bauhaus an,

Abb. 26:
Erdgeschosshaus,
Berliner Bauaustellung
1931 (Entwurf Lilly
Reichs)

Lehrtätigkeit beim
Bauhaus

obgleich Mies van der Rohe immer wieder dessen unpolitischen Charakter betonte.

Nationalsozialismus und der Druck aufs Bauhaus

Lilly Reich wurde bereits vor der offiziellen Schließung des Dessauer Institutes zum 31. Dezember 1932 entlassen. Im Oktober 1932 musste das Bauhaus unter der Leitung Mies van der Rohes jedoch bereits seinen Standort in Dessau aufgeben und fungierte bis zur endgültigen Schließung im Frühjahr 1933 als Privatinstitut in Berlin.[9]

In den folgenden Jahren bekam Lilly Reich immer weniger Aufträge. Die letzte bedeutende Arbeit, die Reich mit Mies 1938 vor seiner Auswanderung in die Vereinigten Staaten ausführte, war die Gestaltung der deutschen Vertretung – Abteilung »Textilindustrie« – bei der Internationalen Ausstellung für Kunst und Technik in Paris im Jahre 1937.

Besuch in Chicago

1939 besuchte Lilly Reich Mies van der Rohe in Chicago.[10] Für einen längeren Aufenthalt ihrerseits setzte er sich jedoch nicht ein, weshalb Reich noch vor Kriegsausbruch wieder nach Berlin zurückkehrte. Während der Kriegsjahre brachte Lilly Reich Zeichnungen aus Mies' Büro in Sicherheit.

Ihr eigenes Atelier in der Genthiner Straße wurde während des Zweiten Weltkriegs bei einer schweren Bombardierung Berlins 1943 zerstört. Reich wurde bei der »Organisation Todt« dienstverpflichtet.

Nach Kriegsende eröffnete Lilly Reich ein Atelier für Architektur, Design und Mode am Hohenzollerndamm in Berlin. Sie erhielt kleine Aufträge beispielsweise zu Wohnungsteilungen für Wohnbedürftige nach dem Zweiten Weltkrieg und übernahm Schneiderarbeiten.

Kleidung und Gebrauchsgegenstand

Zur Mode schrieb die Designerin und Innenarchitektin 1922 in der Zeitschrift »Die Form«: »Kleider sind Gebrauchsgegenstände, keine Kunstwerke. Sie unterliegen den Anforderungen des Tages. Und doch können Kleider auch metaphysische Wirkungen ausüben durch ihre innere Gesetzmäßigkeit, ihre Ruhe und Zurückhaltung, [...] ihre gesunde Einfachheit, ihre Würde.«[11]

Diese Gedanken Lilly Reichs können zugleich als Definition ihres innenarchitektonischen Werkes sowie ihres Möbeldesigns gelten.

Mit diesen Ansätzen hätte sie weitere Beiträge zur architektonischen Diskussion leisten können, als sie 1945 ihre

Lehrtätigkeit wiederaufnahm, diesmal an der Hochschule für Bildende Künste Berlin, wo sie die Disziplinen Raumgestaltung und Gebäudelehre unterrichtete. Sie musste diese Tätigkeit jedoch bereits 1946 wegen einer schweren Krankheit wieder aufgeben.

Am 14. Dezember 1947 starb Lilly Reich in ihrer Geburtsstadt Berlin im Alter von 62 Jahren.

Hochschule für Bildende Künste Berlin

Margarete Schütte-Lihotzky: Bauen und leben mit sozialer Verantwortung

»Die Tätigkeit des Architekten ist eine Tätigkeit der Organisation. Das Wohnhaus ist die realisierte Organisation unserer Lebensgewohnheiten.«

Großes Engagement in Politik und Beruf

Leben und Werk Margarete Schütte-Lihotzkys stellen in zweierlei Hinsicht eine Ausnahmeposition dar. Zum einen widmete sie sich dem »Bauen für Kinder«, mit dem sich kein Architekt der Moderne so intensiv auseinandersetzte. Zum anderen war sie unter Inkaufnahme jeglicher Konsequenzen politisch aktiv. Beides, politisches Engagement wie auch Begeisterung für ihren Beruf, führte sie von Österreich nach Deutschland, dann in die Sowjetunion, nach China, in die Türkei, nach Frankreich, England, Bulgarien und Kuba.

Das kindergerechte Bauen geht aus Schütte-Lihotzkys grundsätzlichem architektonischen Interesse am Wohnungs- und Sozialbau hervor, womit sie sich seit ihrer Studienzeit beschäftigte.

Reflexionen zum Wohnungsbau unter veränderten gesellschaftlichen Verhältnissen

Bekannt geworden ist die Architektin durch eines ihrer ersten Werke, die »Frankfurter Küche«. Dieses Konzept resultierte aus Reflexionen über die Wohnverhältnisse nach dem Ersten Weltkrieg. Im Entwurf Margarete Schütte-Lihotzkys für die »Frankfurter Küche« steckt mehr als eine qualitative Veränderung des modernen Wohnungsbaus der 20er Jahre. Über das Architektonische hinaus stellte sie bei diesem Entwurf die Strukturen des Gesellschaftssystems und der Familienverhältnisse ihrer Zeit in Frage und setzte die neue gesellschaftliche Rolle der Frau räumlich-funktional um.

Zur Biografie

Margarete Lihotzky wurde am 23. Januar 1897 in Wien geboren, wo sie zusammen mit ihrer vier Jahre älteren Schwester aufwuchs. Vater Lihotzky war Staatsbeamter, die Mutter widmete sich zunächst der Familie und engagierte sich nach Ausbruch des Ersten Weltkriegs beim Roten Kreuz. Nach der Pensionierung ihres Mannes arbeitete sie beim Jugendgericht. Beide Eltern waren fortschrittlich und vermittelten ihren Töchtern liberal-demokratische Werte. Nach den Schuljahren bekam Margarete Lihotzky Privatunterricht bei einem Maler; zu dieser Zeit erlernte sie auch die Schneiderei.

Die Familie wohnte in einem alten Wiener Haus, das dem Großvater mütterlicherseits gehörte, der mit dem berühmten Berliner Kunsthistoriker und Museumsdirektor Bode verwandt war. 1915 wurde das Haus verkauft und Familie Lihotzky zog in eine große Wohnung in der Hamburgerstr. 14.

1915 beschloss Lihotzky, eine Ausbildung an der Kunstgewerbeschule in Wien zu absolvieren. Von 200 BewerberInnen konnte sie sich unter den ersten 40 einen Studienplatz sichern. Bald begann sie, sich für die Architekturklassen unter der Leitung von bedeutenden Architekten wie Josef Hoffmann, Oskar Strnad und Heinrich Tessenow zu interessieren. Besonders gefiel ihr die präzise und systematische Herangehensweise dieser Tätigkeit.

Ausbildung an der Wiener Kunstgewerbeschule

Schließlich gab sie ihren Plan, Architektin zu werden, in ihrer Familie bekannt und stieß auf negative Reaktionen. Begründet waren diese in der Sorge um die für eine Frau perspektivlose Zukunft. »Wer wird schon eine Frau mit dem Bau eines Hauses beauftragen?«, gab der Vater seiner Tochter zu bedenken.

Doch Margarete Lihotzky ließ sich nicht von ihren Plänen abbringen. Sie wollte nicht unbedingt selbst bauen, sondern sich vielmehr bei einem Planungsbüro bewerben, um sich dort in großen Projekten mit Problemen des Wohnungsbaus zu beschäftigen.

Interesse am Wohnungsbau

1917, noch während des Studiums, konnte Margarete Lihotzky ihre Fähigkeiten bereits unter Beweis stellen. Sie nahm an einem von der Kunstgewerbeschule organisierten Studentenwettbewerb für Arbeiterwohnungen teil, war die einzige weibliche Teilnehmerin und bekam den ersten Preis. 1919 beendete sie ihr Studium. Für ihre Studien und Entwürfe wurde sie mit dem Lobmeyer-Preis der Gesellschaft zur Förderung der Kunstgewerbeschule ausgezeichnet.

Erster Preis im Studentenwettbewerb für Arbeiterwohnungen

Ende des Jahres begleitete Margarete ihre Schwester Adele, die Lehrerin geworden war, auf eine Klassenfahrt nach Rotterdam. Die Reise wurde von einem Hilfskomitee für bedürftigen Wiener Kinder, in dem die Schwester arbeitete, gesponsert. Margarete Lihotzky unterrichtete die zwischen sechs und sieben Jahre alten Kinder an den Vormittagen in Schreiben und Lesen, nachmittags arbeitete sie im Büro des Architekten Vermeer.

Aufenthalt in Holland

Holland war schon damals im Bereich Wohnungsbau fortgeschritten. Neue städtebauliche Konzeptionen für große Wohnanlagen wurden entwickelt. Margarete Lihotzky nutzte die Gelegenheit, studierte die dort neu gebauten Wohnsiedlungen und hörte die Vorträge des berühmten Architekten Hendrik Petrus Berlage.

Beide Erfahrungen, sowohl mit Kindern zu arbeiten als auch neue Kenntnisse im Bereich des Wohnungsbaus zu sammeln, beeinflussten die Zukunft der jungen Architektin.

Zurück nach Wien

Mitte 1920 kehrte sie nach Wien zurück. Ihr Einstieg in die Berufstätigkeit erfolgte schnell; sie wirkte in mehreren Initiativen der Stadt Wien zur Verbesserung der Wohnsituation mit. Zwischen 1924 und 1925 wurde ihre Arbeitsphase unterbrochen, weil sie wegen einer Tuberkuloseerkrankung in die Lungenheilstätte Grimmenstein musste.

Zusammenarbeit mit Ernst May in Frankfurt am Main seit 1926

1926 begann Lihotzkys Zusammenarbeit mit dem Architekten Ernst May im Hochbauamt der Stadt Frankfurt am Main. Dort lernte sie ihren Berufskollegen Wilhelm Schütte kennen, den sie 1927 heiratete. Sie signierte danach als Margarete (oder Grete) Schütte-Lihotzky. Die Arbeit mit Ernst May wurde 1930 für kurze Zeit unterbrochen, weil ein Gesetz verabschiedet worden war, das den Doppelverdienst von Eheleuten untersagte. Schütte-Lihotzky verlor dadurch ihre Stelle, ihr Mann blieb im Amt.[1]

Als Architektin in die Sowjetunion

1930 ging May mit seiner Architektengruppe in die Sowjetunion. Dort benötigte die Regierung internationale Spezialisten für die Arbeit bei der Planung und Realisierung neuer Wohnstädte. Auf die fachkundige Mitarbeit von Schütte-Lihotzky wollte May nicht verzichten und bot ihr an, nach Moskau mitzukommen. In den darauf folgenden Jahren startete die Architektin eine Karriere, die sowohl durch Erfolg als auch durch dramatische Erlebnisse gekennzeichnet war.

1937, als die politische Lage in der Sowjetunion instabil wurde, verließ Margarete Schütte-Lihotzky mit ihrem Mann, der ihr nach Moskau gefolgt war, das Land. Sie gingen nach

Abb. 27:
Margarete Schütte-Lihotzky (1927)

Paris, wo sie ein Jahr lebten und zogen dann aufgrund der schwierigen Arbeitssituation nach London, blieben jedoch auch dort erfolglos. Auf Einladung des Architekten Bruno Taut, der zu dieser Zeit in der Türkei arbeitete, kamen sie 1938 nach Istanbul, wo sie schließlich Beschäftigung fanden.

Über Paris und London nach Istanbul

Ende 1940 fuhr Margarete Schütte-Lihotzky nach Wien, um dort Kontakt zu österreichischen politischen Widerstandsgruppen zu knüpfen. Dort wurde sie im Januar 1941, einem Tag vor ihrem 44. Geburtstag, von der Gestapo verhaftet. Das von der Staatsanwaltschaft geforderte Todesurteil wurde

Als Widerstandskämpferin in Wien verhaftet und verurteilt

nicht vollstreckt, doch wurde sie wegen Mithilfe zum politischen Widerstand zu 15 Jahren Zuchthaus verurteilt.[2]

Nach der Befreiung durch amerikanische Truppen im April 1945 wurde sie nach München gebracht. Wieder an Tuberkulose erkrankt, kam sie erneut in eine Lungenheilanstalt. Der Versuch, ihren Mann wiederzutreffen, brachte sie 1946 nach Bulgarien, wo sie für das Stadtbauamt in Sofia arbeitete. Das Ehepaar traf sich erst Ende 1946 wieder und kehrte 1947 nach Wien zurück.

Neuanfang in Wien

Es war für Schütte-Lihotzky ein schwieriger Prozess, zum Alltag zurückzufinden. In den folgenden Jahren hatte sie mit den Auswirkungen der Kriegsjahre zu kämpfen. Eine Wiederaufnahme der Arbeit war in der Nachkriegsperiode nicht leicht möglich. Sie engagierte sich politisch und trat leitende Stellen in Vereinen und Organisationen an, so z.B. als Präsidentin des Bundes Demokratischer Frauen Österreichs. Daneben nahm sie an mehreren Fachausstellungen teil, an deren Konzept und Organisation sie meist mitwirkte.

Bis Mitte 1970 war Schütte-Lihotzky als selbstständige Architektin tätig. Mit kommunalen bzw. öffentlichen Aufgaben wurde sie selten beauftragt. An realisierten Bauten ist eine qualitative Entwicklung ihres Werks auszumachen. In den 80er und 90er Jahren erhielt sie schließlich Anerkennung in Form von Preisen und akademischen Ehrungen für ihr Werk.

Sie reiste viel und hielt regelmäßig Vorträge zu architektonischen Fachthemen, zu frauenpolitischen Sujets und zu ihren Erfahrungen als Widerstandskämpferin. Letztere dokumentiert Schütte-Lihotzky in ihrem 1994 veröffentlichten Buch »Erinnerungen aus dem Widerstand. Das kämpferische Leben einer Architektin von 1938–1945«.

Die Architektin wohnte zuletzt in einer von ihr selbst entworfenen Wohnung[3] in der Wiener Franzensgasse, wo sie im März 2000 im ehrwürdigen Alter von 102 Jahren starb.

Zum Werk

Siedlungsprogramm der Stadt Wien

Als Margarete Lihotzky ihr Berufsleben im Wien der 20er Jahre begann, herrschte Wohnungsnot. Die Bevölkerung versuchte, Grundstücke am Stadtrand zu besetzen, um sie zu bewohnen und zu bewirtschaften. Damit diese Bewegung, das sogenannte »Wilde Siedeln« kontrolliert werden konnte, führte die Stadtverwaltung ein Siedlungsprogramm ein und gründete ein Baubüro.

Zu dieser Zeit nahm Margarete Lihotzky, gerade aus Holland zurückgekehrt, zusammen mit dem Landschaftsarchitekten Berger an einem Wettbewerb für Schrebergartenanlagen teil. Ihr Entwurf erhielt den vierten Platz, wurde aber als »die beste bauliche Lösung« bewertet.

Aufmerksamkeit erregte Lihotzkys Arbeit vor allem deshalb, weil die Juroren nicht erwartet hatten, dass genau die einzige weibliche Teilnehmerin einen solch rationellen und funktionellen Entwurf vorlegen würde.

Ein besonders rationeller Entwurf

Der Wettbewerb machte den Siedlungsreferenten der Stadt Wien auf Lihotzky aufmerksam. Dieser brachte die junge Frau in Kontakt mit dem berühmten Architekten Adolf Loos, der das Siedlungsprogramm koordinieren sollte.

1921 begann die Mitarbeit Lihotzkys im Baubüro der Stadt Wien. Sie beschäftigte sich mit verschiedenen Grundrissformen sowie mit der Ausstattung und Rationalisierung der Möblierung. Dieselben Themen bearbeitete sie daneben auch in Form von eigenen Studien und Entwürfen, die sie im ehemaligen Büro ihres Vaters, das sie als Atelier benutzte, anfertigte.

Mitarbeit beim Baubüro der Stadt Wien

Die geplanten Siedlungshäuser sollten preiswert und schnell zu bauen sein. In Anlehnung an den Taylorismus – der Lehre eines amerikanischen Ingenieurs, der durch optimierte Arbeitsorganisation überflüssige Bewegungen in der Produktion zu vermeiden versuchte – sowie an Christine Frederick 1922 veröffentlichtes Buch über arbeitssparende Haushaltsführung[4] konzipierte Lihotzky die Nutzung ihrer Räume. Diese sollten auf minimalen Flächen alle geforderten Funktionen erfüllen.

Preiswerte Siedlungshäuser mit optimaler Raumnutzung

Diese Überlegungen fasste sie in ihrem ersten Artikel »Einiges über die Einrichtung österreichischer Häuser unter besonderer Berücksichtigung der Siedlungsbauten« zusammen, der 1921 erschien.

Von 1922 bis 1924 entwarf Lihotzky weitere Wohntypen für den »Österreichischen Verband für Siedlungs- und Gartenwesen«. Sie plante einen Teil des Winarskyhofes, einer großen Wohnungsbauanlage mit 70 Wohnungen.

Auf der 4. Wiener Kleingartenausstellung stellte sie einige ihrer Entwürfe für den Siedlungsbau wie z.B. eine Kochnische und eine Spülkücheneinrichtung als Modell im Maßstab 1:1 aus. Erneut an Tuberkulose erkrankt, suchte Lihotzky die Lungenheilstätte Grimmenstein auf, wo sie ein »Projekt für eine

Tuberkuloseheilstätte« entwarf, das im Frühling 1925 bei einer Hygieneausstellung in Wien gezeigt wurde.[5]

Die Berufung an das Hochbauamt der Stadt Frankfurt am Main unter der Leitung von Ernst May brachte neuen Schwung in Lihotzkys Karriere. Als May in noch Breslau arbeitete, reiste er nach Wien und wurde von Margarete Lihotzky in die Siedlungsquartiere geführt. Sie zeigte ihm ihr privates Atelier und eigene Entwürfe, die May sehr beeindruckten.

Planungsgruppe am Hochbauamt von Frankfurt am Main unter Ernst May

Nachdem May das Hochbauamt in Frankfurt übernommen hatte, um dort ein umfassendes städtebauliches Planungskonzept umzusetzen, holte er Margarete Lihotzky in seine Planungsgruppe.[6] Ihm war das Problem der Typisierung von Wohnformen sowie das der Rationalisierung der Ausführung und der Wirtschaftlichkeit von großer Bedeutung – Themen, für die sich auch Margarete Lihotzky seit ihrer Studienzeit interessierte.

Besondere Berücksichtigung der Frauen als Nutzerinnen

Bei ihren Planungen berücksichtigte Schütte-Lihotzky die Wohnbedürfnisse aller Bevölkerungsschichten und vor allem die der Frauen. Sie entwarf Wohnräume, die die Ansprüche berufstätiger wie auch alleinstehender Frauen mit unterschiedlichen Einkommensniveaus berücksichtigten. Über diese Problematik veröffentlichte sie 1927 den Artikel »Rationalisierung im Haushalt«[7], in dem sie sich mit der Frage auseinandersetzte, wie den Frauen durch richtigen Wohnungsbau die Arbeit erleichtert werden könne.

Arbeitserleichterung für Frauen durch verändertem Wohnungsbau

Eine Antwort darauf kann anhand zweier Konzepte von Margarete Lihotzky aus der Frankfurter Zeit gezeigt werden: der sogenannten »Frankfurter Küche« [Abb. 28] sowie verschiedener Wohnungsmodelle für berufstätige Frauen.

Die »Frankfurter Küche«

Das Konzept für die Küchenentwicklung in Frankfurt basierte auf Prinzipien, die schon in ihren Wiener Entwürfen präsent gewesen waren: Eine schmale, längliche Küchenform sowie eine besondere Anordnung der Haushaltsgeräte ersparten unnötige Wege und Handgriffe. Die unmittelbare Verbindung der Küche zum Wohnraum sollte Isolation der Frauen vermeiden. Durch Normierung und Einbau der Kücheneinrichtung sollte ein optimaler Arbeitsablauf gewährleistet werden.

Schütte-Lihotzky entwarf mehrere Küchentypen, die je nach Grundrisskonzeption unterschiedlich ausgestattet waren. In der Ausstellung »Die neue Wohnung und ihr Innenausbau –

Abb. 28:
Die »Frankfurter Küche«

der neuzeitliche Haushalt« von 1927 wurden fünf Typen gezeigt: Küchentypen für drei Wohnungsgrößen und zwei Prototypen, die Formsteinküche und die Metallküche. Der Küchentyp, den Schütte-Lihotzky in ihren Aufsätzen erwähnt, ist die »Küche für einen Haushalt ohne Haushaltshilfe«. Die Raumgröße entspricht den Maßen 3,04 m in der Länge und 1,96 m in der Breite mit einem Bewegungsraum von 95 cm. Die Farbe der 1,30 hoch gekachelten Wandfliesen war beige (Fabrikat Villeroy & Boch), der Boden war schwarz. In der Regel war die Möblierung blau lackiert. Es gab zwar auch Küchen in anderen Farben, wie z.B. in hellem Grün, doch Blau wurde bevorzugt, weil nach wissenschaftlicher Erkundung

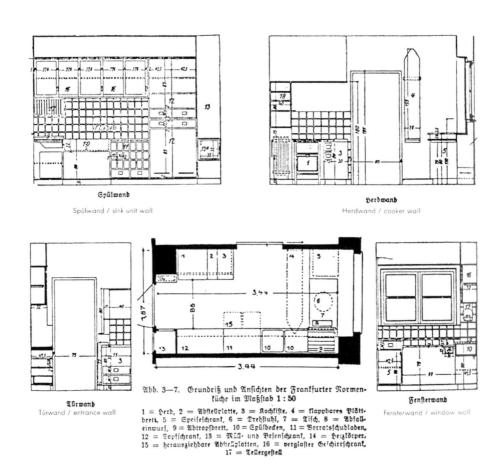

Abb. 29:
Grundriss und Ansichten der Frankfurter Küche

Detailplanung und Neukonzeption von Arbeitsutensilien

Margarete Lihotzkys diese Farbe von Fliegen gemieden werden sollte.

Die Kücheneinrichtung war bis ins kleinste Detail geplant, wie z.B. das Material für den Arbeitstisch (Buchenholz, das leicht gescheuert werden kann) oder ein zusätzlicher Ausschnitt in der Tischplatte, unter den eine ziehbare Rinne für Abfall eingeschoben werden konnte. Teil der Kücheneinrichtung waren auch ein an der Wand befestigtes Tellerabtropfgestell oder extra konzipierte Aluminiumschütten für haltbare Lebensmittel wie Salz, Zucker etc. Diese hatten außer handlichen Griffen auch Schüttrinnen, die es ermöglichten, die Zutaten unmittelbar in die vorzubereitenden Speisen zu schütten, ohne andere Küchenutensilien benutzen zu müssen.

Die ersten Frankfurter Siedlungen des Neuen Bauens wie die in Praunheim, in der Bruchfeldstraße und in Ginnheim bekamen ab Mai 1926 Küchen nach Lihotzkys Modell. Insgesamt wurden etwa 10.000 Frankfurter Wohnbauten damit ausgestattet.[8] Die Idee begeisterte die PolitikerInnen und NutzerInnen der Wohnungen im In- und Ausland und wurde zum Prototyp der modernen »Einbauküche«.

Prototyp der modernen Einbauküche

Durch die Bearbeitung ihrer Entwürfe für die Wohnungsbaueinrichtungen kam Margarete Schütte-Lihotzky in Kontakt mit mehreren Frauenorganisationen. Parallel zur Erleichterung des Haushaltsaufwands versuchte Schütte-Lihotzky, auf die Problematik der Wohnsituation insbesondere alleinstehender Frauen zu reagieren. Daraus resultierten im Jahr 1927 Artikel und Studien zum Thema Wohnungen für alleinstehende bzw. berufstätige Frauen.[9]

Die Wohnsituation alleinstehender Frauen war damals ein unübersehbares Problem. Frauen erhielten geringen Lohn und konnten kaum ein eigenes Zimmer bezahlen. Aus diesem Grund entschloss sich die Stadt Frankfurt, alleinstehende Frauen in Ledigenheimen unterzubringen. In diesen Wohnbauten sah Schütte-Lihotzky die Gefahr der Isolation der Bewohnerinnen. Die Architektin schlug eine andere Lösung vor, bei der die Wohnungen für alleinstehende Frauen als kleine Dachgeschosswohnungen in den üblichen Wohnhäusern unterzubringen waren.

Wohnungen für alleinstehende Frauen

Dachgeschosswohnungen statt Ledigenheime

Die Entwürfe Lihotzkys waren auf die verschiedenen Einkommensniveaus von Frauen zugeschnitten. Der für Arbeiterinnen entworfene Typ 1 war die einfachste und preiswerteste Lösung. Jener enthielt einen Vorraum mit Garderobenwand, ein schmales Zimmer mit Kästchen für persönliche Gegenstände, einen Schreibtisch und ein Bett.

Vier Wohntypen für verschiedene Einkommensniveaus

Der für Studentinnen, Schreibkräfte und Verkäuferinnen vorgesehene Typ 2 hatte ebenfalls einen Vorraum mit Garderobe, jedoch ein größeres Zimmer als Typ 1, das mit einem Bettsofa, Bettzeugschrank, Tischen und Stühlen ausgestattet war. Küche, Bad und Toilette waren gemeinsam zu nutzen. Die Miete kostete 24,50 Mark.

Typ 3 war mit Vorraum, Wohnraum, Koch- und Waschnische sowie mit einer Terrasse ausgestattet. Der Vorraum hatte jeweils ein Bettsofa, einen Schreibtisch, zwei Klapptische und Stühle sowie einen Kastenverbau an der Wand. Die Schrankwand war so konzipiert, dass sie auch vom Flur aus zu öffnen war. Der Raum grenzte an eine Terrasse mit dem selben Breitenmaß. Durch die eingebaute Einrichtung und die breiten Fenster wirkte den Raum größer, als er tatsächlich war (ca. 5,60 m x 4,30 m). Die Miete betrug 38 Mark und war für Angestellte, Beamtinnen oder Krankenschwestern gedacht. Ein Prototyp dieser Wohnung wurde im Maßstab 1:1 in den 20er Jahren ausgestellt, zum ersten Mal 1927 bei der Generalversammlung des Hausfrauenvereines, im Jahr darauf auf der Ausstellung »Heim und Technik – Die kleine Wohnung« in München [Abb. 30].

Wohnungstyp 4 entwarf Margarete Lihotzky für besser verdienende Frauen mit etwa 300 Mark monatlichem Einkommen. Die Räume waren großzügiger und bestanden aus einem Wohnzimmer, einem kleinen Schlafzimmer, Kochnische und einem Bad mit WC.

Die Idee kleiner Wohnungen im Dachgeschoss wurde jedoch von Politikern zumindest aufgegriffen und in einigen Siedlungen wie z.B. in Praunheim gebaut. Die Architektin selbst wohnte ab 1927 mit ihrem Ehemann und Kollegen Wilhelm Schütte in einer solchen Wohnung. An einer abgerundeten Ecke des Hauses liegend, hatte sie einen Vorraum, eine »Frankfurter Küche«, einen Wohnraum mit Schlafnische und ein Bad, umschlossen von einer runden Terrasse.

Zentrale Dienstleistungen für die Hauswirtschaft

Ein weiteres Thema, das Margarete Schütte-Lihotzky am Hochbauamt bearbeitete, waren zentrale Dienstleistungen für die Hauswirtschaft, wie z.B. eine Wäscherei mit modernen Waschmaschinen für die Siedlung Praunheim. Sie entwarf auch Lehrküchen für Schulen und entwickelte dabei wichtige konstruktive Prinzipien für diese Bauform, wie z.B. halbrunde Grundrisse, die sowohl die Belichtung als auch die pädagogische Kommunikation förderten.

Die ersten Entwürfe für Kindergärten

In Frankfurt plante die Architektin zusammen mit Eugen Kaufmann ihren ersten Kindergarten für die Siedlung Ginnheim. Der Entwurf wurde nach den Prinzipien der Montessori-Pädagogik konzipiert, wurde jedoch nicht realisiert.

Einen weiteren Kindergartenentwurf entwickelte Lihotzky für die Wohnsiedlung Praunheim als Pavillon mit kreuzförmigem Grundriss. Er war für etwa 100 Kinder gedacht, die sich

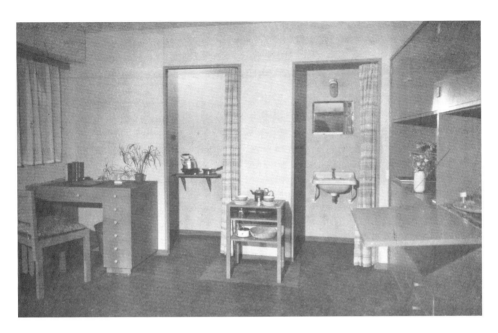

Abb. 30: Wohnung für die berufstätige Frau

in kleinere Gruppen aufteilten. Jede Gruppe hatte einen eigenen Garten und Räume, die über eine Garderobe zu erreichen waren. Spielplatz und ein kleiner Pool waren gemeinsam zu nutzen. Auch dieser Entwurf wurde nicht realisiert, doch gewann Lihotzky dadurch wichtige Planungserfahrungen für einen weiteren Abschnitt in ihrem Berufsleben.

1930 musste Schütte-Lihotzky das Hochbauamt verlassen, weil der Staat Sparmaßnahmen bei Doppelverdienern eingeführt hatte. Als Ernst May im selben Jahr die Einladung von der sowjetischen Regierung in Moskau erhielt, eine komplette Planungsabteilung für die Baumaßnahmen in den zu Beginn der 30er Jahre expandierenden Schwerindustriestädten aufzubauen, lud er seine wichtigsten MitarbeiterInnen des Hochbauamts, darunter auch Schütte-Lihotzky, ein, ihn nach Moskau zu begleiten. Diese sagte zu, stellte jedoch zwei Bedingungen: ihren Mann mitnehmen zu können und sich nicht mehr mit Küchen beschäftigen zu müssen. Während ihres siebenjährigen Aufenthalts in der Sowjetunion spezialisierte sich Schütte-Lihotzky auf das Gebiet der Kinderanstalten, während ihr Mann für Schulbauten zuständig war.

Spezialisierung auf Kinderanstalten in der Sowjetunion

May übertrug ihr die Leitung der Abteilung für Kinderbauten, in der sie mit 30 MitarbeiterInnen Kindergärten und Kinderkrippen für die Schwerindustriestädte entwarf. Sie

Kindergartenbauprogramm in der SU

erstellte Richtlinien für das Kindergartenbauprogramm, Maßberechnungen, Kataloge sowie Entwürfe für Kindermöbel, wobei die neuesten wissenschaftlichen und medizinischen Kenntnisse einbezogen wurden. Hart zu kämpfen hatte Schütte-Lihotzky mit den unterschiedlichen Klimazonen, riesigen Entfernungen zu den Baustellen und Mängel an Material und Ausführungskräften, zusammen mit sprachlichen Schwierigkeitenn.

Ausreise aus der Sowjetunion 1937

Nach einigen intensiven Arbeitsjahren begann sich die Situation in der Sowjetunion aus politischen Gründen für ausländische ArchitektInnen – wie auch für andere Berufsgruppen – zu verändern. Wie fast alle ihrer KollegInnen aus der Gruppe May, der selbst bereits 1934 aus der Sowjetunion ausgereist war, verließ auch das Ehepaar Schütte-Lihotzky 1937 das Land.

1933 hatte Margarete Schütte-Lihotzky auf Einladung der lokalen Architektinnenorganisationen Zeichnungen und Fotos ihrer Arbeit zur Weltausstellung nach Chicago geschickt.

Planung von Erziehungsbauten in der Türkei und politisches Engagement

Die Vorkriegsjahre boten dem jungen Architektenpaar keine sicheren Perspektiven. Sie suchten Arbeit in Frankreich und England und landeten schließlich in der Türkei. Bruno Taut vermittelte ihnen Anstellung an der dortigen Bau- und Kunstakademie, wo sich Schütte-Lihotzky vorwiegend mit der Planung von Erziehungsbauten beschäftigte. In der Türkei trat Schütte-Lihotzky der illegalen kommunistischen Partei bei und beteiligte sich an der Widerstandsbewegung gegen das Naziregime. Bei einer Reise nach Wien, die dazu dienen sollte, Kontakt zu den dortigen Widerstandsgruppen zu knüpfen, wurde sie 1940 verhaftet und zu 15 Jahren Zuchthaus verurteilt.[10]

1946 hielt sich Margarete Schütte-Lihotzky im bulgarischen Sofia auf, wo sie sich mit ihrem Mann treffen wollte, der die Kriegsjahre in der Türkei verbracht hatte. Am Stadtbauamt Sofia entwarf sie Kinderanstalten und verfasste entwurfstheoretische Grundlagen. Nach Ankunft ihres Mannes kehrten sie Anfang 1947 zusammen nach Wien zurück.

Schwierige Arbeitssituation in Österreich

Der Wiedereinstieg in das Berufsleben in Österreich war für Schütte-Lihotzky äußerst schwierig. Benachteiligt durch ihre politische Vergangenheit und ihre Nähe zur Kommunistischen Partei auch in den folgenden demokratischen Regierungszeiten in Österreich benachteiligt, kam Schütte-Lihotzky in ihrer Heimat kaum an öffentlichen Aufträge. Um als Architektin arbeiten zu können, musste sie, die zuvor meist in Planungsgruppen tätig gewesen war, sich nun selbstständig machen.

Nur zwei Aufträge konnte Schütte-Lihotzky nach ihrer Rückkehr im Rahmen des Wiederaufbaus realisieren: das Wohnhaus Barthgasse 5-7 im 3. Wiener Bezirk (1949–50) in Zusammenarbeit mit Wilhelm Schütte sowie das Wohnhaus in der Schüttelstraße 3 im 2. Wiener Bezirk (1952–1956). Im Haus in der Barthgasse ist eine Wiederverwendung von Entwurfskonzepten des Winarskyhofes zu erkennen: Zweispännergrundriss (1. Entwurf), d.h. jeweils zwei vom Treppenhaus zugängige Wohnungen mit einer Verbindung zwischen Wohnküche und Loggia bzw. Terrasse. Diese Lösung ermöglicht eine gute Querlüftung der Räume. Für private Bauherren entwarf Schütte-Lihotzky sechs Einfamilienhäuser.

Das »Bauen für Kinder« blieb weiterhin ein Schwerpunkt ihrer Arbeit. In Wien baute sie zwei Kindergärten: Der Kindergarten am Kapaunplatz [Abb. 31 und 32] wurde zwischen 1950 und 1952 errichtet. Zehn Jahre später wurde die Kindertagesstätte in der Rinnböckstraße gebaut.

Planen und Bauen für Kinder

Die auf ihrer langjährigen Erfahrung basierenden Grundlagen des Planens und Bauens von Kinderanstalten, insbesondere aus den Jahren in der Sowjetunion, fasste Schütte-Lihotzky in einer Entwurfslehre[11] zusammen.

Entwurfslehre für Kinderanstalten

Zu unterscheiden sind hauptsächlich zwei Bautypen: Kinderkrippen und Kindergärten. Beim ersten geht es vor allem um medizinische Aspekte, beim zweiten wird auf die pädagogische Funktion Wert gelegt.

So sollten die Nutzungsbereiche deutlich definiert werden, um gleichzeitig das Gemeinschaftsleben wie die individuelle Persönlichkeit jedes Kindes zu fördern. An den Gruppenraum sind weitere Einheiten wie Garderobe, Nischen oder Toiletten angeschlossen. Die Verbindung zum Außenraum in Form einer Terrasse sollte gewährleistet werden.

Als Expertin für Kinderbauten arbeitete die Architektin auch an Forschungsprojekten bei verschiedenen Regierungen und Institutionen mit, wie z.B. dem Erziehungsministerium in Havanna, Kuba (1963), und der Deutschen Bauakademie in Berlin/DDR (1966).

Abb. 31: Kindergarten am Kapaunplatz in Wien (Zustand 2001)

Zwischen 1964 und 1968 entwickelte Margarete Schütte-Lihotzky das »Baukastensystem für Kindertagesstätten«, ein Programm für den Fertigbau von Kindertagesstätten mit einem 0,60 bzw. 1,20 m-Raster: »ein Baukastensystem in doppelter Hinsicht, nämlich sowohl im Grundrißsystem (Zusammensetzung immer gleicher Baukörper), als auch im Konstruktionssystem (Zusammensetzung immer gleicher Bauplatten, Betonplatten oder Holzplatten).«[11]

Schütte-Lihotzky beteiligte sich daneben an verschiedenen Ausstellungen, die sie zum Teil auch selbst gestaltete, wie z.B. »1945 – davor und danach« (Wien 1985). Weiter veröffentlichte sie zahlreiche Artikel und hielt Vorträge über ihr Arbeitsthema, über Architekturgeschichte und über die Gleichberechtigung der Frauen. Zudem blieb sie aktiv bei beruflichen und politischen Organisationen, wie z.B. bei der Union Internationale des Architectes (IUA) und beim Weltbund Demokratischer Frauen.

Entwürfe der 90er Jahre mit zentralen Dienstleistungen

In den 90er Jahren arbeitete Schütte-Lihotzky an ihrem letzten Entwurfsprojekt: »Wohnberge: eine Utopie für künftiges Wohnen«. Dieses Konzept, das frühere Wohnkonzepte wiederaufgreift, sieht niedrige, begrünte Terrassenhäuser mit

Abb. 32:
Gruppenraum im Kindergarten am Kapaunplatz (Zustand 2001)

zentralen Dienstleistungen und Versorgungsangeboten vor, die die BewohnerInnen von der Hausarbeit entlasten sollen. Im Jahr 2000, als der Magistrat der Stadt Frankfurt eine Straße nach ihr benennen wollte, stellten sich konservative Politiker dagegen, weil Schütte-Lihotzky eine Stalinistin gewesen sei. Es ist zu hoffen, dass bald eine Straße in Frankfurt an die Architektin erinnert.

Im Sommer 2001 besuchte die Autorin den Kindergarten am Kapaunplatz [Abb. 31]. Trotz des intensiven Betriebs ermöglichte die Leiterin eine Besichtigung der Kindergartenräume. Seit dreizehn Jahren arbeitete sie in diesen Räumen und lobte den Bau, der mit Ausnahme von kleinen Veränderungen wie der Umnutzung des Arztraums zum Büro im Originalzustand erhalten ist.

Mit seiner schlichten Bauweise dominiert das niedrig gehaltene Walmdach des Kindergartens aus roten Ziegeln den zentralen Kapaunplatz im Wiener 20. Bezirk.

Aus dem Hauptbaukörper, längs zur nordwestlichen Straßenfront, springen die Gruppenräume hervor, die sich symmetrisch auf der südöstlichen Gartenseite wiederholen. Vom Eingangsbereich aus erschließt sich durch den Spielsaal

Besuch im Kindergarten am Kapaunplatz

ein Blick in den großzügigen Garten. Dieser verlängert sich weiter in Richtung Kinderpool. Zwischen den drei hervorstehenden Bauteilen bildet sich die überdeckte Terrasse.

Die Gruppenräume [Abb. 32] mit integrierter Garderobe sind vom Gang mit Büros und Personalräumen erreichbar. Vor den insgesamt vier Gruppenräumen an West- wie Ostseite befindet sich eine Pergola, die zum jeweiligen Gruppengarten mit Sandplatz führt. Auf der gegenüberliegenden Seite des Raumes sind Ruhe-, Hauswirtschafts- und Waschnische angeordnet. Alle Räume sind kindgerecht mit adäquater Möblierung nach Maß eingerichtet.

Draußen, in zentraler, sichtbarer Lage, an jeder Seite flankiert von einem Spielhof, toben die Kinder am sonnigen Nachmittag im Planschbecken. Ein herrliches Bild, ein lebendiges Denkmal für eine Architektin, die für viele Menschen – und darunter sehr viele Kinder – an vielen Orten Lebensräume geschaffen hat.

Lux Guyer:
Zwischen Tradition
und Erneuerung

»Aber vor Beginn der Bauten, bevor ich zur Ausarbeitung des Projektes schreite, lasse ich nochmals für einen Moment Programm und Finanzierungsplan und allen Zwang versinken. Für einen schönen Augenblick liegt da vor mir nur [...] die ungebrochene, duftige Erde, bevor sie zum geplanten, blühenden Garten wird.«

Lux Guyer ist eine der wenigen unter den Pionierinnen der Architektur des 20. Jahrhunderts, welche den modernen avantgardistischen Strömungen in den ersten Jahrzehnten des Jahrhunderts nicht folgte. Sie vertritt eine andere Modernität, indem sie sich mit den praxis- und ortsbezogenen Elementen ihrer heimatlichen Bautradition auseinandersetzte. Aus diesem Grund wurde ihre Arbeit von einigen Kritikergenerationen nicht beachtet.

Vertreterin einer anderen Modernität

Guyer arbeitete intensiv an damaligen Wohnproblemen, die bis heute aktuell sind und für die immer wieder Lösungen gesucht werden: Wohnraum für ältere Menschen sowie das Augenmerk auf Frauen und Kinder in der Planung von öffentlichen und privaten Räumen waren einige ihrer Anliegen.

Auseinandersetzung mit den Wohnproblemen ihrer Zeit

1929 schrieb die Architektin für eine Buchveröffentlichung über »Führende Frauen Europas« einen Text, in dem sie ihre Haltung zu ihrem Beruf und Leben dokumentierte bzw. kritische Perspektiven und eigene Visionen festhielt: »Kleinwohnungen für Frauen, die ich damals erstellte und heute wiederum auf genossenschaftlicher Basis baue, waren in der Idee und vorsätzlich in jungen Jahren schon geplant, als ich alle diese einschneidenden Wohnprobleme unserer Zeit besonders in Paris und London blutig miterlebt hatte. Ich habe das Gebiet in der Folge etwas erweitert. [...]

Bei meiner jüngsten Siedlung habe ich etwas Wesentliches neu aufgenommen: Nicht nur die Neuorganisation des Hauses an und für sich, sondern die Neuorganisation des Haushaltes dazu. Neben einer schönen, anmutigen Grundrißgestaltung, neben allen erdenklichen Installationen, die noch im

Abb. 33:
Lux Guyer 1929

Bereich des Möglichen sind, lag mir die Durchführung eines modernen Haushaltsbetriebes oder -getriebes ebenso sehr am Herzen. Programmforderung war mir: wie verwandelt man die altmodische Haushaltsmühle, die die Frau in ihrer menschlichen Entwicklung und Erweiterung hemmt, in einen rationelleren und zugleich anmutigeren Apparat?

Aber Honig und Ambrosia zum gutgebackenen Brot sind mir die Villen und Landhäuser, Erholung, Lust und rein bauliche Freude.«[1]

Zur Biografie

Lux Luise Guyer wurde 1894 in Zürich geboren, wo sie auch ihre Schulbildung erhielt. Von 1916 bis 1917 nahm sie an verschiedenen Lehrveranstaltungen an der Kunstgewerbeschule Zürich teil, wie z.B. Modellieren, Innenarchitektur und Dekorationsmalerei. Zwischen 1917 und 1918 besuchte Lux Guyer als Fachhörerin mehrere Kurse der Bau- und Entwurfslehre sowie der Kunstgeschichte an der ETH Zürich. Darüber hinaus nahm sie eine Teilzeitbeschäftigung im Büro des Architekten Gustav Gull, einem ihrer Dozenten an der Hochschule, an.

Die Jahre danach verbrachte Lux Guyer mit Studienreisen und Auslandsaufenthalten in verschiedenen Ländern Europas, wo sie immer wieder für Architekturbüros tätig war. Ihre Reisen führten sie nach England, Italien, Frankreich und Deutschland, wo sie in Berlin im Büro von Marie Frommer[2] arbeitete, die 1916 an der Technischen Universität in Charlottenburg ihr Diplom gemacht und 1919 in Dresden als erste Frau – zum Thema »Flußlauf und Stadtentwicklung« – promoviert hatte.

1924 kehrte Lux Guyer in die Schweiz zurück und eröffnete in Zürich ein eigenes Architekturbüro, auch wenn sie keinen Diplomabschluss besaß. Lux Guyer war damit die erste selbstständige Architektin in der Schweiz.

In den darauf folgenden Jahren beschäftigte sie sich mit der Planung und dem Bau verschiedener Projekte. Einige ihrer Häuser wurden vor dem Verkauf an InteressentInnen von ihr selbst bewohnt. Im Jahr 1933 heiratete sie und bekam zwei Jahre später ihren Sohn.

Während der schweren Baukrise, die in den 30er Jahren die Schweiz genauso traf wie andere Länder Europas, leitete sie eine »Frauenschule für häusliche Kultur«. In den 40er Jahren arbeitete sie bei ihren Projekten häufig mit KünstlerInnen zusammen. Ihre besondere Bauart, in der eine Mischung von Tradition und Berücksichtigung der jeweiligen Landschaft zu erkennen war, wurde von Bauherren sehr geschätzt.

Bis Mitte der 50er Jahre arbeitete Guyer an Projekten, in denen sie ihre Vorstellungen vom Wohnraum vertiefte. In einem dieser Häuser verbrachte die Architektin die letzten Jahre ihres Lebens. Sie starb am 26.5.1955 in Zürich.

Außer dem gemeinsamen Interesse an neuen Wohnformen für das Leben des 20. Jahrhunderts verband Lux Guyer wenig mit den meisten ArchitektInnen ihrer Generation.

In einer Zeit der sozialen und ökonomischen Veränderungen schien Lux Guyer versuchen zu wollen, durch die Verwendung traditioneller Bauelemente etwas Dauerhaftes und Stabiles zu vermitteln. Zugleich verwendete sie innovative Lösungen wie die Erweiterung der Fensterflächen, indem sie über die Hausecken reichende Verglasungen vornehmen ließ.

Studienreisen und Arbeitsaufenthalte im Ausland

1924 Eröffnung ihres eigenen Büros in Zürich

Heirat und Kind

Zum Werk

Verwendung traditioneller Bauelemente

Abb. 34:
Grundriss einer Zwei-
zimmerwohnung im
Lettenhof

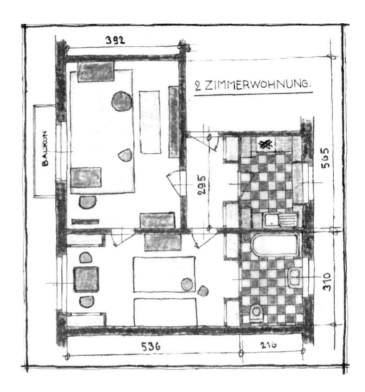

Eigener Stil und
Ignoranz der Kritiker

Sie hatte während ihrer Studienreisen durch England, Italien und Frankreich Gelegenheit gehabt, sich mit traditionsreichen architektonischen Kulturen auseinanderzusetzen. Als sie ihre Tätigkeit als Architektin begann, war sie in der Lage, ein eigenes Architekturrepertoire zu verwenden, ohne den avantgardistischen Zügen der Epoche folgen zu müssen.

Genau das verschaffte ihr allerdings für viele Jahrzehnte Ignoranz seitens der Architekturkritik. Trotz ihrer Resistenz zum »Modernitätskonsum« ist die Architektur Lux Guyers keinesfalls konservativ. Im Gegenteil – Guyer zeigte eine hohe Flexibilität und Offenheit gegenüber neuen Entwurfsthemen wie beispielsweise der Wohnraumplanung für alleinstehende Frauen, Wohnformen für das moderne Familienleben und der Verbesserung der Wohnqualität.

Architektur der Mitte

Die Position Lux Guyers wird von der Kunsthistorikerin Dorothee Huber als »Architektur der Mitte«[3] definiert. Sie bezeichnet damit eine Richtung innerhalb der schweizerischen Architekturgeschichte, die sich nicht dem Zwang ausgesetzt hatte,

Abb. 35: Frauenwohnkolonie Lettenhof

den Prinzipien der Meister der Moderne wie Gropius, Mies van der Rohe oder Le Corbusier zu folgen.

Wie viele ihrer KollegInnen beschäftigte sich Guyer im Laufe ihrer Berufstätigkeit intensiv mit dem Thema Wohnformen. Typisch für die Zeit ihres Berufsanfangs war die Auseinandersetzung mit Kleinwohnungen mit platzsparendem Grundriss und Einbaumöbeln.

1925/26 wurde Lux Guyers erstes Projekt ausgeführt – ein »Doppeleinfamilienhaus« in Zürich (Schlösslistr. 16/18) mit einem quadratischen Grundriss. Sie wählte eine traditionelle Bauart, integrierte dabei in der Fassade zwei Eingangsrisalite mit Eckfenstern – ein Merkmal, das mehrere Bauten Lux Guyers kennzeichnet.

Das erste Projekt

Hinter den zurückhaltenden Fassaden ihrer ersten Projekte versteckten sich oft unkonventionelle Grundrissformen. Bereits in diesem Entwurf konzipierte Guyer ein aus zwei Räumen zugängliches Badezimmer, das in späteren Projekten wieder aufgegriffen wurde.

Unkonventionelle Grundrisse

1926 lieferte Lux Guyer einen Beitrag für die Ausstellung »Das Neue Heim« im Kunstgewerbemuseum Zürich.[4] Es handelte sich um eine Vierzimmerwohnung mit quadratischem Grundriss, bei der alle Zimmer von einem zentralen Flur aus zugänglich waren. Das Badezimmer befand sich zwischen zwei

Vierzimmerwohnung für »Das Neue Heim«

Schlafräumen und konnte von beiden Seiten durch breite Türen betreten werden. Standen die Türen offen, ergab sich ein Zwischenraum, der als Spielraum für Kinder genutzt werden konnte.

Die Raumordnung in Guyers Entwürfen orientierte sich an den Bedürfnissen ihrer Bauherren. Sie entsprachen oft einer neuen Wohnform, die sich von den Rollenfestlegungen traditioneller bürgerlicher Strukturen unterschied.

Atelierhaus in Paris

Für das Ehepaar Paresce in Paris plante die Architektin 1926 ein Atelierhaus, an dessen Grundriss sich die gleichberechtigte Lebensweise beider BewohnerInnen ablesen ließ. Im persönlichen Bereich im Obergeschoss lagen zwei symmetrische Schlafzimmer, die durch ein von beiden Seiten erreichbares Badezimmer getrennt wurden. In diesem Fall fand die funktionale Alternative Lux Guyers für die Raumerschließung eine optimale Verwirklichung.

Frauenwohnkolonie Lettenhof

Ihre Fähigkeit im Umgang mit alternativen Raumprogrammen zeigte Lux Guyer beim Entwurf der »Frauenwohnkolonie Lettenhof« in Zürich [Abb. 34 und 35], in der sich mehrere Frauenorganisationen zu einer Baugenossenschaft zusammenschlossen.

Der Komplex, von 1926 bis 1927 gebaut, bestand aus vier Häusern, die einen Innenhof bildeten. Die drei Wohnhäuser wurden durch drei verschiedene Wohnungstypen – Ein-, Zwei- und Dreizimmerwohnungen – unterteilt. Insgesamt hatte die Anlage ursprünglich sechs Dreizimmer-, 23 Zweizimmer- und 22 Einzimmerwohnungen, die von Frauen gemietet werden konnten. Ebenfalls zum Komplex gehörte ein kleinerer zweigeschossiger Bau, in dem sich ein Restaurant befand, das für die Pflege sozialer Kontakte gedacht war.

Große Fenster und Balkone

Die Häuser waren in traditioneller Bauweise konzipiert und in hellen Farben gestrichen. Die Fassaden haben einen großen Fensteranteil und symmetrisch gegliederte, breite Balkone, wodurch die Mauerwerksfläche reduziert wird und dadurch leicht und dynamisch wirkt. Die um die Ecke angeordneten Fenster bilden den Fassadenabschluss und erzielen einen Eindruck von Offenheit.

Vermarktung

In der Vermarktung und Werbung ging Guyer neue Wege: Für die bessere Vermittlung ihrer Wohnungen an zukünftige Mieterinnen fertigte sie postkartengroße innenarchitektonische Darstellungen der Wohnungstypen an.

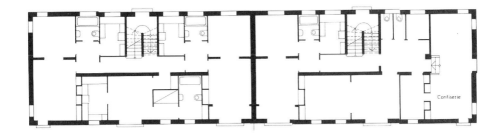

Abb. 36:
Grundriss Beckenhof

Nach erfolgreichem Abschluss dieses Projektes wurde Lux Guyer von der Baugenossenschaft berufstätiger Frauen mit einem ähnlichen Vorhaben beauftragt.

Der Beckenhof in Zürich wurde 1928 bis 1929 in der Nähe einer begrünten Anlage an zwei Straßenfronten gebaut und war in zwei Einheiten gegliedert. Das Haus in der Beckenhofstraße, in dessen Erdgeschoss sich ein Café befand, lag längs der Straßenfront.

Das Gebäude wurde über drei Etagen und ein ausgebautes Dachgeschoss in 23 Ein- und 19 Zweizimmerwohnungen aufgeteilt.

Das Grundrissproblem ist optimal gelöst. Die an der Fassade symmetrisch angeordneten Treppenhäuser des Hauses an der Beckenhofstrasse erschließen drei Wohnungen pro Geschoss: links und rechts die Zweizimmerwohnungen, in der Mitte die Einzimmerwohnungen. Alle Räume waren mit ausreichend natürlicher Belichtung und Belüftung versehen.

Das auch zum Beckenhof gehörige Haus in der Stampfenbachstraße hat nur eine Stirnseite zur Straße und wurde als Kopfbau konzipiert. Durch das L-förmige Grundstück entfällt der für den Lettenhof konzipierte geschlossene Innenhof. Dieser wurde in beiden Häusern durch eine aufgeschüttete Terrasse auf Erdgeschossniveau ersetzt, die den Blick auf den Garten freigibt.

Die Fassaden im Beckenhof waren ebenfalls symmetrisch gegliedert und hell gestrichen. Die Balkone wurden über die Gebäudeecken geführt, wodurch die Ansichten verlängert wirkten und die Stirnwände gegliedert wurden.

Ein weiterer wichtiger Auftrag im Rahmen der Maßnahmen zur Beschaffung von Wohnmöglichkeiten für alleinstehende Frauen war Guyers »Studentinnenheim Lindenhof«, das zwischen

Beckenhof

Studentinnenheim Lindenhof

Abb. 37:
Beckenhof

1927 und 1928 in Zürich gebaut wurde. Bei diesem Projekt waren statt separater Kleinwohnungen wie im Beckenhof oder in der Frauenwohnkolonie Lettenhof nur Einzelzimmer mit Gemeinschaftsräumen vorgesehen.

Auf einem Grundstück, das sich auf einer Anhöhe der Stadt neben der Kirche Fluntern befindet, baute Lux Guyer ein in die Länge gezogenes zweistöckiges Haus mit ausgebautem Dachgeschoss. Ebenfalls von ihr entworfen wurden die Einbaumöbel. Die Wohn- und Gemeinschaftsräume waren nicht auf separaten Ebenen platziert, sondern befanden sich in den unteren Geschossen, wodurch die Kommunikation der Bewohnerinnen erleichtert werden sollte. Die Bibliothek wurde in einem stützenfreien Raum im Dachgeschoss untergebracht. Das Gebäude grenzt mit der Südseite an einen großen Garten mit Tennisplätzen, was den Freizeitaspekt der Anlage betont.

Vernetzung von Wohn- und Gemeinschaftsräumen

Ende der 20er Jahre plante Guyer neben diesen Bauten u.a. das Ferienheim Weggis, fünf Mehrfamilienhäuser und zwei

Einfamilienhäuser. Um diese umfangreichen Aufgaben zu bewältigen, beschäftigte Lux Guyer in ihrem Büro mehr als 30 MitarbeiterInnen.

Das bekannteste Werk dieser Erfolgsphase Lux Guyers ist ihre Arbeit für die »SAFFA«, der ersten Schweizer Ausstellung für Frauenarbeit, die 1928 in Bern stattfand.[5]

Schweizer Ausstellung für Frauenarbeit 1928

Lux Guyer hatte die Gesamtkonzeption und Gestaltung sowie die Oberleitung der Baumaßnahmen inne. Parallel dazu entwarf sie 14 Hallengruppen, die Außenanlage, eine Etagenwohnung und das »SAFFA-Haus«, einen Fertighausprototyp aus Holz, der als Ausstellungsobjekt auf der Messe präsentiert wurde.

Das SAFFA-Haus

Das Modell-Haus, laut Guyer »ein Lösungsvorschlag der Wohnungsfrage für den weniger begüterten intellektuellen Mittelstand«, war für die industrielle Fertigung gedacht, was Kosten minimieren sollte. Neben den Standardtypen sollten individuelle Veränderungen anhand eines Produktkataloges möglich sein.

Der Entwurf wurde geplant für einen Haushalt mit mehreren Kindern. Für die Kinder war ein eigener Gartenbereich zum Spielen vorgesehen. Neben Eltern- und Kinderzimmern waren Nebenräume und ein dreiseitig belichteter Atelierraum geplant. Zwischen den Kinderzimmern im Erdgeschoss befand sich das von zwei Seiten zugängliche Bad.

Die serielle Anfertigung mehrerer Modelle gelang Guyer mit dem SAFFA-Haus allerdings nicht, obgleich es für den Prototyp über 130 Anfragen gab. Nach der Ausstellung wurde das Haus demontiert, zu dem Familiensitz der Käufer in Aarau transportiert und auf geeigneten Fundamenten wieder aufgebaut.

Die Gesamtkonzeption für das Messegelände am Fuß der Alpen folgte Guyers Prinzipien: »Statt dem üblichen, festen Organisationsprinzip griff ich zu einem Additionsprinzip, d.h., ich schachtelte Hallen so ineinander, dass sie beliebig auseinander und ineinander gefügt werden konnten [...] Abgesehen von der Programmforderung hatte das wunderschöne Terrain Eigenheiten, die berücksichtigt werden mußten. Es fällt in sanften Kurven vom Bremgartenwald gegen die Enge. Ich wollte diesen schönen regelmäßigen Atemzug im Projekt festhalten. Deshalb: Alle Firste laufen zu den Kurven parallel,

Messegelände am Fuß der Alpen

Abb. 38:
Grundriss des SAFFA-Hauses

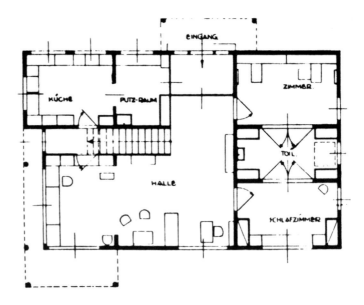

die einzelnen Hallen mit dem Gelände abfallend, Anpassung des Neuen an das Bestehende... Der Ausblick auf die Alpen konnte so fast überall freigelassen werden.«⁶

Dazu versuchte Lux Guyer, die einzelnen Hallen innen und außen in verschiedenen Farben zu gestalten, um abwechslungsreiche Raumerfahrungen zu ermöglichen.

Krisenzeit in den 30er Jahren

Die vielversprechende Karriereentwicklung Lux Guyers wurde durch die Krisenzeiten in den 30er Jahren gebremst. Sie baute in diesen Jahren lediglich einige Ein- und Doppeleinfamilienhäuser, in denen sich ihre Entwurfskonzeption zu verändern schien. Die Raumfolge jener Häuser wirkt weniger symmetrisch, sondern – beispielsweise beim Doppeleinfamilienhaus »Im Südend« (Zürich) und beim Einfamilienhaus Dätwyler (Muttenz) – »zirkulär«, ineinander verbunden und fast ohne feste Abgrenzungen.

In den 40er Jahren erhielt Lux Guyer wieder umfangreichere Aufträge, beginnend mit dem Umbau des Restaurants »Zu Münz« 1940 in Zürich. Bei diesem Projekt fand eine intensive Zusammenarbeit mit einer KünstlerInnengruppe statt. Auch für das »Haus für Betagte« in Jongny, 1942 gebaut, engagierte sie KünstlerInnen für die Dekoration der Innenräume. Damit wollte Guyer Räume, die als letztes Heim für ältere Menschen dienen sollten, beleben.

Anfang der 50er Jahre entwarf sie Bauten, in denen sich ihr verfeinerter Sinn für die Anordnung von Innenräumen ebenso zeigte wie ihr sensibler Umgang mit dem Außenraum.

Äußerlich zurückhaltend, lässt das Einfamilienhaus mit sieben Zimmern in Zollikon (1950/52), das auch der letzte Wohnsitz der Architektin war [Abb. 40], durch großzügige Fensterflächen den Kontakt zum Außenraum bestehen.

Die Pergola, die Guyer in den 40er Jahren in ihre Bauformen integrierte, bildet den Übergang zum breiten Vorgarten. Der Grundriss zeigt eine klare Raumfolge. Die Räume wirken nicht isoliert, sondern fließen ineinander.

Lux Guyers letzte umfangreiche Aufgabe bestand in Entwurf und Ausführung des Apartmenthauses Résidence »Im Park« in Zürich, der Erweiterung einer Villa aus dem 19. Jahrhundert. Sie plante dafür drei neue Einheiten, die sich an den alten Hotelbestand über Brücken und verglaste Übergangspassagen anschlossen. Die neuen Bauteile sind niedriger gehalten

Abb. 39:
Das SAFFA-Haus

Einfamilienhaus in Zollikon

Résidence »Im Park«

Abb. 40:
Haus Lux Guyers in Zollikon

und passen sich an, ohne den Glanz des historischen Baus zu überschatten.

Die Erweiterungsbauten, die als Pavillons bezeichnet werden, sind als Komforthotel für Langzeitpensionäre konzipiert und beherbergen ein Zimmer mit großzügiger Fläche, ein eigenes Bad und Balkon.

Die Dachterrasse auf einem der Pavillons zeigt eine interessante, für Guyers Bauten ungewöhnliche Form: Mitten in den frei gestalteten Blumenbeeten befindet sich eine Überdachung für die Sitzplätze, deren Form geschwungen und »organisch«, fast wie ein Anzeichen der »späten Moderne« anmutet. Ob das möglicherweise eine neue Orientierung in der architektonischen Entwicklung Lux Guyers bedeutete, konnte nicht mehr festgestellt werden; kurz nach Fertigstellung dieses Baus verstarb die Architektin 1955 in Zürich.

Anzeichen der späten Moderne

Lucy Hillebrand: Architektur als Schrift der Beweglichkeit

»*Mein Weg zur Architektur begann mit der Choreographie.*«

Lucy Hillebrand ist unter den ersten selbstständigen Architektinnen in Deutschland eine der erfolgreichsten. Sie konnte durch vielfältige Bauaufgaben eigene architektonische Vorstellungen verwirklichen. Ihre praktische Arbeit begleitete sie mit Überlegungen, die sie in Form von »Raum-Schriften« festhielt.

Den Weg zum Raum fand sie nicht etwa durch die Beobachtung von Häusern, Gebäuden oder Städten, sondern über ihren Tanzunterricht – der Übertragung von Denk- und Gefühlserlebnissen in Tanz- und Raumformen. Ihre Mathematikaufgaben soll sie einfacher gelöst haben können, indem sie dazu tanzte.

Der Weg zum Raum über den Tanz

Lucy Hillebrand wurde 1906 in Mainz geboren. Ihre Familie war gut situiert, die Eltern sorgten für eine tolerante Atmosphäre im Haus. Ihre Mutter interessierte sich für Literatur, der Vater für Musik. Lucy Hillebrand absolvierte ihre Schulbildung an der ersten experimentellen Reformschule in Mainz. Danach bekam sie Unterricht in Tanz und Gymnastik und versuchte dabei, ihre eigene Tanzschrift zu entwickeln.

Zur Biografie

Sie studierte an der Kölner Werkschule und wurde Meisterschülerin des Kirchenbauers Dominikus Böhm. Zur Studienaufnahmeprüfung reichte sie den Entwurf »Wärterhaus im Weinberg« ein – eine kleine Wohneinheit, teils auf Stützen, teils auf dem Berghang liegend. Mit diesem Beitrag erhielt sie den ersten Platz.

Meisterschülerin des Kirchenbauers Böhm

An der Kölner Schule bekam sie handwerkliche Fertigkeiten in der Glaswerkstatt, Weberei und Tischlerei vermittelt und besuchte Zeichen- und kunstgeschichtliche Seminare.

1927 wurde sie als jüngstes Mitglied im Deutschen Werkbund aufgenommen. Im selben Jahr heiratete sie den Juristen W. Otto. Ihr eigenes Architekturbüro eröffnete sie 1928 und arbeitete projektbezogen mit dem Künstler Robert Michel zusammen.

1928 Eröffnung des eigenen Architekturbüros

Erste Projekte

Bereits im selben Jahr realisierte sie ihre ersten Projekte, eine DAPOLIN-Tankstelle mit dazugehöriger Wohnung in Frankfurt am Main sowie ein Haus in Sprendlingen bei Mainz. 1932 gründete sie mit dem Maler und Kunstpädagogen Otto Leven in Frankfurt am Main das Büro »Bau-Bild«. In den 30er Jahren konnte sie, bedingt durch die politische Lage, nur wenige Arbeiten ausführen, was für sie eine Existenzbedrohung darstellte. 1937 wurde die Tochter Angelika geboren. Während des Zweiten Weltkrieges verlor Hillebrand durch Bombardierungen gleich zwei Ateliers, in Frankfurt und in Hannover.

Büro in Göttingen

Nach 1945 eröffnete Hillebrand ihr Büro in Göttingen und begann die Zusammenarbeit mit ihrem zweiten Mann, dem Soziologen und Publizisten Erich Gerlach, wobei sie vor allem im Schul- und Wohnungsbau Raumkonzepte für den Wiederaufbau entwickelte. Es folgten intensive Jahre in der Entwurfs- und Bauausführung. 1963 entstand der Film »Raumprobleme im Bauen«.

Als Mitglied und Repräsentantin war sie in fachlichen Arbeitskommissionen und auf Kongressen aktiv. 1988/89 lehrte sie im Fachbereich Architektur der Gesamthochschule Kassel. Beim Wettbewerb um das Wildparkstadion in Karlsruhe (Kooperative Großmann-Hillebrand-Schneider) erhielt ihr Entwurf den ersten Preis. 1989 nahm sie an der Weltausstellung der Architektur in Sofia teil, für die sie eine Raumkonzeption für ein Museum der Weltreligionen präsentierte. 1991 fand im Verborgenen Museum in Berlin die Ausstellung »Raum-Spiel. Spiel-Räume« über das Werk Lucy Hillebrands statt.

Zum Werk

Die verschiedenen Stationen des langen Arbeitslebens der Architektin Lucy Hillebrand zeigen eine kontinuierliche theoretische wie praktische Auseinandersetzung mit dem Raum als Arbeitsmaterial der Architektur. Hierzu gehört auch ihr Konzept der Raum-Schrift. Diese abstrakten graphischen Darstellungen ihres Raumverständnisses sind in ihrer Rolle als Gedankeninstrument mit der »Écriture« im Sinn des Philosophen Derrida vergleichbar.[1] Sie sind nicht nur »Architekturgraphien«, sondern »Architekturgramme« und beschreiben in idealer Form Raumbewegungen und Raumsituationen, welche die Architektin beim Entwurf verarbeitet und schließlich bei der Ausführung verdeutlicht. Es handelt sich nicht um herkömmliche Skizzen, sondern eher um Gedankennotizen zum

Konzept der Raum-Schrift

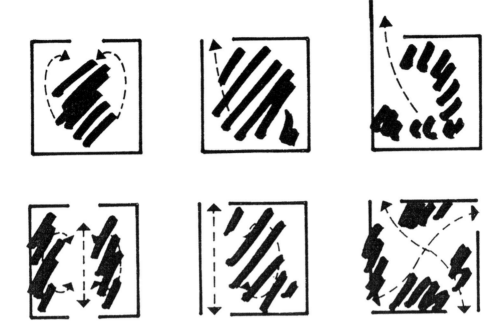

Abb. 41:
Raumschrift-Skizze
(um 1958)

reflexiven Entwurfsprozess. In einer Raumschrift-Skizze von 1958 [Abb. 41] verdeutlichte Lucy Hillebrand die Möglichkeiten der Raumnutzung eines quadratischen Raumes je nach Gliederung der Wände, Anzahl und Position der Türen und der daraus resultierenden Durchgangswege.

In einem Interview wurde sie nach dem »System« gefragt, nach dem sie solche »Notizen« erstellte. Diese Frage überraschte Hillebrand, die schon von jeher Raum-Schriften zu ihren Entwürfen erstellt hatte. Als Anlass zu diesem methodischen Verfahren sah sie ihre Tanzübungen bei Eva Baum, die daraus bestanden hatten, »den Raum körperlich zu erfahren«.[2]

Wie tief diese Erfahrungen die zukünftige Architektin prägten, ist anhand eigener Projekte und insbesondere anhand von zahlreichen Details zu erkennen. Zum Teil sind diese Spuren aus der Vergangenheit deutlicher an den Aufsätzen und Konzeptionen Lucy Hillebrands zu verfolgen als in den Bauten selbst – als wäre der Punkt noch nicht erreicht, an dem diese Raumkonzeptionen mächtig genug gewesen wären, die baulichen Schranken aufzuheben.

Abb. 42:
Grundriss Erdgeschoss
Haus Dr. B., Göttingen

Gegen die Diktatur der Symmetrie

Dieser Ansatz Hillebrands hatte zur Folge, dass besonders auf der funktionalen Ebene und in den Grundformen auf die Anforderungen der NutzerInnen bzw. BewohnerInnen eingegangen wurde und die Räume auf Flexibilität und Differenzierung verwiesen.

Mit dieser Haltung konnte sie es wagen, mit ihren konzeptuell durchdachten Planungslösungen gegen die Maxime der Architekturtheorie, wie z.B. der, wie sie es nennt, »Diktatur der Symmetrie« zu plädieren.

Mit den Prinzipien der Moderne befand sich Lucy Hillebrand grundsätzlich in Einklang. In Frankfurt am Main stand sie in den 20er Jahren den avantgardistischen ArchitektInnen des »Neuen Bauens« nahe. Aus dieser Zeit stammen eigene Möbelentwürfe[3] und ein Kostümentwurf.[4]

Ihre Behandlung der Bauvolumen stand seit ihren ersten Arbeiten stark unter diesem Einfluss. Bei dem Haus in Sprendlingen bei Mainz, in dem gleichzeitig ein Notarbüro und eine Wohnung untergebracht werden sollten, sind die gute Proportionierung und die optimale Lösung der von den Auftrag-

Abb. 43:
Haus Dr. B., Göttingen

gebern gestellten Anforderungen hervorzuheben. Hillebrand schuf individuelle Eingänge für jeden Bereich, die direkt von außen über eine Terrasse durch ein offenes Treppenhaus zugänglich waren.

Die Thematik der »kostengünstigen Häuser« und der »Wohnung für die berufstätige Frau«, typisch für die ersten drei Jahrzehnte des 20. Jahrhunderts, fanden auch Interesse bei Hilldebrand. Sie zeigte entsprechende Entwürfe in den BDA-Ausstellungen »Billige Häuser zu festen Preisen« (1932) und »Bauen und Wohnen« (1933).

Kostengünstiges Wohnen

Zwischen 1936 und 1937 entwarf Lucy Hillebrand ein Haus mit anspruchsvollen Anforderungen für ein älteres Paar [Abb. 42 und 43]. Der Grundriss entsprach einem Raumprogramm mit großer Nutzungsdifferenzierung der Räume (Empfangshalle, Gastzimmer, Lese- und Arbeitsraum im Erdgeschoss). Lucy Hil-

Wohnhaus für ein älteres Paar

Abb. 44:
Lucy Hillebrand auf ihrer Ausstellung »Raumprobleme im Bau« in Göttingen 1960

lebrand nutzte die leichte Senkung des Grundstücks, um den Eingangsbereich durch eine breite Treppe zu markieren und den Empfangsraum mithilfe einer Terrasse zu verlängern. Gast- und Nebenräume sowie Küche und Esszimmer befinden sich auf der Ostseite, Lese- und Arbeitszimmer auf der westlichen Seite. Die Dachhülle aus Schiefer hat eine dynamische Komposition mit abgerundeten ausgebauten Bereichen (Teezimmer mit Rundbank). Der Garten fügt sich an die Konturen des Hauses und verleiht ihm einen ruhigen, einladenden Charakter.

Zum Entwurfsprozess schrieb die Architektin: »Ich untersuchte die Bewegungsabläufe innerhalb der einzelnen Räume und leitete davon deren Formgebung ab.«[5]

Mit der Machtergreifung der Nationalsozialisten wurde die Position fortgeschrittener ArchitektInnen schwer und endete schließlich in ihrem kompletten Ausschluss aus dem Bauprozess. Frauen in diesem Beruf bekamen die herrschende Ideologie, dass sie an »Heim und Herd« gehörten, deutlich zu spüren.

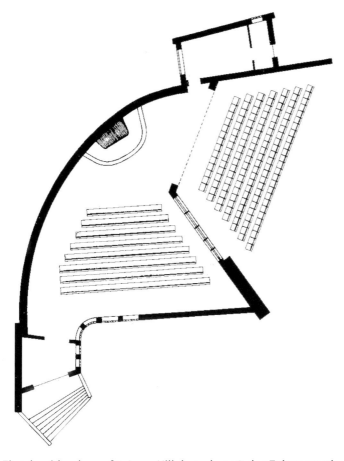

Abb. 45:
Grundriss der
St. Nicolaus-Kirche auf
der Insel Langeoog

Einschneidend war für Lucy Hillebrand 1938 der Zeitungsartikel einer Architektin, die diesen Zustand unterstützte. Hillebrand reagierte empört: »Entschieden zurückzuweisen ist die Ansicht, daß die Außenarchitektur Aufgabe des Mannes bleiben müsse [...] Wir arbeiten auf einer Ebene, wo es nicht mehr entscheidend ist, ob Mann oder Frau hinter der Arbeit steht, sondern wo die künstlerische Fähigkeit und das räumlich-plastische Denkvermögen die Leistung bestimmen.«[6]

Eine schreckliche Erfahrung in dieser Zeit war der Verlust der beiden Ateliers, mit deren Zerstörung auch das Archiv ihrer Arbeiten verloren ging.

Nach Kriegsende eröffnete Hillebrand ein Büro in Göttingen und erhielt kleine Aufträge im Rahmen des Wiederaufbaus. Ab Beginn der 50er Jahre fand die Arbeit Lucy Hillebrands wieder große Akzeptanz. Die Aufträge umfassten Wohnungsbauten,

Nachkriegszeit in Göttingen

Abb. 46:
Albert-Schweitzer-
Kinderdorf

Jugend- und Schulbauten, Krankenhaus- und Verwaltungsgebäude, Hotels, Kirchen, Museumskonzepte, städtebauliche Studien und natürlich Einfamilienhäuser.

Für die Konzeption dieser Bauten verwendete Hillebrand Kriterien, die sie unter den Begriffen Tanzschritt, Raumschritt, differenzierter Funktionalismus, konzeptionelle Architektur und kontemplative Architektur zusammenfasste. Im Fernsehfilm »Raumprobleme im Bauen« erläuterte die Architektin die Arbeitsweise bei der Planung und forderte eine Architekturkritik von Laien und Fachleuten.

Architekturkritik von Laien und Fachleuten

Hauptelement des Entwurfsverfahrens von Lucy Hillebrand blieb der Dialog mit den zukünftigen NutzerInnen oder – im Falle von öffentlichen Bauten – deren StellvertreterInnen. Hillebrand interessierte sich für die Lebensstruktur der künftigen BewohnerInnen, um einen adäquaten baulichen Rahmen schaffen zu können.

Die von ihr als starr und überholt betrachteten Entwurfsprinzipien wie z.B. die »vorgedachte Symmetrie« lehnte Hillebrand ab. Statt dessen ist in ihren Entwürfen die Verwendung von fünf-, sechs- und achteckigen polygonalen Formen, auffällig, die Bewegung, Nähe und Flexibilität in die Räume bringen.

Verwendung polygonaler Formen

Nach diesen Prinzipien entstanden Gebäude, die in ihrem Äußeren zurückhaltend und der Umgebung angepasst sind,

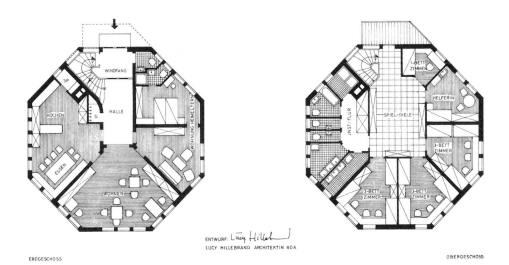

Abb. 47:
Grundriss Achteckhaus im Albert-Schweitzer-Kinderdorf

während in ihrem Inneren dynamische, auf die einzelnen Gegebenheiten reagierende Raumkonzeptionen verborgen sind. Diese besonderen Formen »springen« manchmal aus dem Innenbereich und geben den Volumen einen besonderen Akzent.

Aus der umfangreichen Produktion Lucy Hillebrands sind die St. Nicolaus-Kirche auf der Insel Langeoog von 1960, das Albert-Schweitzer-Kinderdorf in Uslar-Solling von 1961 sowie die Landeslehranstalt mit Wirtschaftsgymnasium im Landkreis Northeim (1968-70) besonders repräsentativ.

Die Kirche St. Nicolaus auf Langeoog [Abb. 45] besteht aus zwei sakralen Bauten unter einem Dach. Eine offene Halle für die Nutzung in der Sommerzeit sowie ein geschlossener Kirchenraum für den Winter teilen gleichmäßig einen Grundriss in Form eines Viertelkreises. Die Verbindung beider Räume wird durch den Altarbereich hergestellt. Aus der Mauerscheibe zwischen beiden Bereichen entwickelt sich ein Glockenturm bzw. eine »Glockenscheibe«.

Inselkirche auf Langeoog

offene Sommerhalle und geschlossener Raum für den Winter

Die Kirchenbauerin Hillebrand schuf mit diesem Werk Räume, welche die Entspannung und geistige Konzentration förderten. Das in einer zugleich schlichten wie auch aussagekräftigen Form konzipierte Gebäude fügt sich leicht in die Dünenlandschaft ein.

Beim Albert-Schweitzer-Kinderdorf [Abb. 46 und 47] musste eine Wohnform gefunden werden, die die besonderen Anforderungen des Programmes erfüllen konnte. Es handelte sich dabei um Wohnheime für neu zu bildende Familien, für die zwei Haustypen geplant wurden: Achteckhaus und Langhaus.

Die außergewöhnliche Bauform des Achteckhauses entwickelte sich aus dem Gedanken heraus, eine Stimmung des Zusammenlebens zwischen Eltern und Kindern baulich zu übertragen, mit der Möglichkeit jedes Einzelnen, sich in einen eigenen Raum zurückziehen zu können. Im Erdgeschoss wurde ein kleiner Garten und eine überdachte Fläche vorgesehen.

Landeslehranstalt mit Wirtschaftsgymnasium

Die Planung für die Landeslehranstalt mit Wirtschaftsgymnasium im Landkreis Northeim erfolgte in Zusammenarbeit mit PädagogInnen. Es sollten 29 Klassenräume mit verschiedenen Fachräumen und Abteilungen entstehen. Die Klassenräume wurden in einem Kompaktbau untergebracht, der in Verbindung zu Pavillons steht, in denen sich die Fachräume befinden. Details wie eine Nischenausbildung in den Fluren vor den Klassenraumtüren und ein doppelläufiges Treppenhaus erleichterten die Bewegung der NutzerInnen. Besonderes Augenmerk galten der städtebaulichen Anordnung sowie der Außenanlage mit Spiel- und Freizeiteinrichtungen.

ArchitektInnen als »Transformatorenstation«

Von 1988 bis 1989 fanden unter der Leitung Lucy Hillebrands in der Gesamthochschule Kassel Lehrveranstaltungen zum Thema »Der interdisziplinäre Dialog als Teil des innovativen Planungsprozesses« statt. In Form von Gesprächen zwischen SpezialistInnen und StudentInnen vermittelte Lucy Hillebrand ihre Auffassung vom Architekten als »Transformatorenstation«: »Der Architekt hat die Forderungen und interdisziplinären Informationen einer jeweiligen Bauaufgabe in einer Art Verräumlichung zu erfassen, um sie zu einer Baugestalt transformieren zu können, d.h., es vollzieht sich in uns ein Umformungsprozess entsprechend einer Transformatorenstation.«[7]

Diese und ähnliche Veranstaltungen bestätigen die Aktualität von Hillebrands Ansätzen und die Existenz eines unbeachteten und unerschöpften Weges der noch nicht vollendeten Moderne.

Hilde Weström:
Eine Architektur zum Wohlfühlen

»Es blieb mein Anliegen und die Herausforderung an die Architektur, den gesellschaftlichen Veränderungen entsprechend möglichst adäquate Rahmenbedingungen zu schaffen. Architektur ist Gebrauchskunst, die aus dem Zusammenkommen von Geist und Materie Lebensräume entwickelt.«

Als »Architektur zum Wohlfühlen« kann die architektonische Konzeption Hilde Weströms definiert werden. Dieser Begriff wird selten in der abendländischen Architekturgeschichte als Entwurfsmotivation genannt, obgleich er für die zu erwartende Bauqualität maßgeblich ist.

Für die Architektin Hilde Weström, so wird in den mit ihr geführten Gesprächen[1] wie auch in der Literatur zu ihrem Werk deutlich, fungiert diese Raumqualität als Leitidee.

Wer die Räume des Christophorus-Hauses in Berlin-Tiergarten [Abb. 52 und 53] oder die Säle des Gebäudekomplexes der »Gesellschaft zur Förderung musischer Erziehung« in Berlin-Zehlendorf [Abb. 51] betritt, kann das deutlich spüren. Durch die bescheidene Dimensionierung des Außen und Innen, die ohne Anspielung auf Monumentalität und bauliche Überbewertung auskommt, fühlt man sich hier nicht bedrückt. Die Farben lenken die Wahrnehmung auf die Oberflächen und fördern die Orientierung im Raum. Auf diese Weise bewegt man sich mit einem vertrauten Gefühl durch das Haus.

Dasselbe Gefühl von vertrautem Wohlbefinden stellt sich im Haus der Architektin in der Meisenstraße in Berlin-Dahlem ein [Abb. 48]. Das Wohnzimmer ist in zwei Bereiche geteilt: Auf der einen Seite steht eine Sitzgruppe, auf der anderen der Schreibtisch, an der Stirnwand Bücherregale. Südlich blickt man durch eine raumbreite Glaswand zum Garten, der sich mit Momentaufnahmen der Jahreszeiten wie eine expressionistische Malerei an das Wohnzimmer anfügt und den Raum vervollkommnet.

Das Haus hatte Hilde Weström 1953 in ruinösem Zustand erworben. Sie baute es sich als Büro und Wohnung für ihre Familie aus. Es verkörpert auf ideale Weise das Architekturverständnis Hilde Weströms, deren Anliegen es ist, unter-

Wohnhaus in der Meisenstraße in Berlin

Abb. 48:
Wohnhaus Hilde
Weströms in Berlin
(Zustand 2001)

Zur Biografie

schiedlichen Lebensformen einen adäquaten, würdigen Raum zu ermöglichen.

Hilde Weström wurde am 31. Oktober 1912 im oberschlesischen Neisse als Tochter des Bauingenieurs Georg Eberle und dessen Frau Klara geboren. Nach dem Abitur 1932 und einem sechsmonatigen Maurer- und Tischlerpraktikum nahm sie ein Architekturstudium an den Technischen Hochschulen in Charlottenburg und Dresden auf, das sie 1938 mit einem Diplom abschloss. Im selben Jahr heiratete sie den Juristen Jürgen Weström; zwischen 1939 und 1945 wurden die Kinder Ute, Matthias, Andreas und Petra geboren. Aufgrund eines Forschungsauftrags zog Weström mit ihrer Familie 1942 nach Breslau, wo sie bis zum Ende des Zweiten Weltkriegs lebte.

Die Situation der Nachkriegszeit spielte im Leben der Architektin eine entscheidende Rolle. Hilde Weström erinnert sich noch gut an die dramatischen Zustände, unter denen sie mit ihren Kindern vor den russischen Truppen aus Breslau floh.

Eine Odyssee durch deutsche Städte führte die Weströms glücklicherweise am ursprünglichen Ziel Dresden vorbei, das zu diesem Zeitpunkt völlig zerstört wurde. Nach sechs Wochen schließlich gelangte die Architektin, die mit ihrem vierten Kind, Petra, schwanger war, in Berlin an. Dort erfuhr die Familie erleichtert, dass die kleine Wohnung in Zehlendorf, wo das Ehepaar Weström nach der Heirat wohnte, noch intakt war. Sie zogen sofort ein.

Zurück nach Berlin

Wie fand sie unter diesen harten Umständen zu den ersten notwendigen Kontakten? Und wie gelang ihr der Wiedereinstieg in das Berufsleben? Die Wohnungsnot war groß. Hilde Weström wollte mit ihren Fachkenntnissen gerne helfen, doch zu Beginn musste sie sich damit begnügen, kleines Holzspielzeug für Kinder herzustellen, um ein Einkommen zu haben. Bald entwarf sie Typenbauten für ein Unternehmen. Diese Behelfsheime aus Platten waren eine provisorische Lösung und mussten ausreichen, um eine Familie zu beherbergen.

Wiedereinstieg ins Berufsleben

Im Auftrag der Bauämter führte die Architektin »Schadenserhebungen« durch und erstellte Gutachten über zerstörte Anwesen. Dadurch kam sie in Verbindung zu Grundstücksbesitzern und bald zu ersten kleinen Aufträgen.

Weströms zogen um in ein kleines Siedlungshaus in Zehlendorf. Im Keller konnte die Architektin ihr Büro einrichten, in dem sie bald zwei Mitarbeiter beschäftigte. 1952, drei Jahre nach seiner Gründung, bekam das Büro Weström seinen ersten großen Auftrag: Im Rahmen des Sozialen Wohnungsbaus erfolgte die Planung der Randbebauung eines Blocks in der Otto-Suhr-Allee.

Wohnung und Büro in Zehlendorf

Aufträge im Sozialen Wohnungsbau

Die Wohnungsnot gab Hilde Weström die Möglichkeit, ihre beruflichen Ziele – Planen und Bauen – zu verwirklichen: »Berlin, die zerstörte Stadt, war meine Chance.«

Sie wurde Mitglied in mehreren Frauenverbänden. Nach dem Zweiten Weltkrieg spielten Frauen im Wiederaufbau der Städte eine große Rolle. Die Frauenvereine der 50er Jahre standen in der Tradition der Trümmerfrauen, die ihre Stadt von den Schuttbergen befreiten, Ruinen bewohnbar machten und die noch verwendbaren Baumaterialien einsammelten. Sie wollten Inhalt und Durchführung des Wohnungsbauprogramms diskutieren und beeinflussen.

Wiederaufbau

105

Abb. 49:
Hilde Weström 2001

Als berufstätige Frau und Mutter einer großen Familie vertrat Hilde Weström eben diesen Anspruch. Sie erzählt, dass sie immer davon bewegt gewesen war, das Leben anderer Frauen zu erleichtern und zu verschönern, wofür sie beim Wohnen ansetzen wollte: »Technik in das Haus zu holen, in einer angenehmen und dienenden Form, das war viele Jahre mein Bestreben. Der Frau einfach ein gutes Wohnen zu ermöglichen. Und da ich erlebte, wie meine Kinder heranwuchsen, kannte ich die Bedürfnisse von mir selbst. Dies umzusetzen war tatsächlich mein Ziel und das nahmen auch Frauenverbände und Leute, die beim Planen und Bauen beschäftigt waren, gerne mit auf und unterstützten es.«

Beratung von Frauenverbänden

Sie schloss sich den Initiativen der Frauenverbände an und trat gleichzeitig als deren Beraterin auf. Dafür konnte sie ihre fachliche Kompetenz nutzen und einen entsprechenden baugesetzlichen Rahmen schaffen.

Bauwirtschaftlicher Beirat des Berliner Senats

Mit ihrer Erfahrung ging sie zum Bauwirtschaftlichen Beirat des Berliner Senats und zu dessen Ausschuss für Wohnungsgestaltung. Die Architektin fungierte als Vermittlerin zwischen den Interessen der Betroffenen und denen der Stadtverwaltung — ein Modell, das sich später bei der behutsamen Stadterneuerung in den 80er Jahren wiederum bewährte.

Weström ermittelte den Rahmen, der den Frauen in ihrem Wirkungskreis das Leben erleichtern sollte. Zentrale Komponenten des Katalogs, der in den verschiedenen Gremien erarbeitet wurde, waren »Licht, Luft, Besonnung, Wärme, Schallschutz, eine einwandfreie Belüftung, Bewegungsfreiheit«. Die Auswirkung des Engagements von Hilde Weström drückt sich in der Tatsache aus, dass 1953 die DIN-Vorschrift 18022 verabschiedet wurde, deren Mindestanforderungen für Küchen, Kinderzimmer, Balkone, Einbauschränke, Abstellkammern und Kinderspielplätze heute noch gelten.

Mindestanforderungen für Küchen oder Kinderzimmer

Zwischen 1948 und 1960 entstanden im Rahmen des Sozialen Wohnungsbaus fast 1.000 Wohnungen nach Weströms Planung – ein Bauvolumen, das keine Architektin ihrer Generation und auch nur wenige ihrer männlichen Kollegen nachweisen können.

1.000 Wohnungen im Sozialen Wohnungsbau

Die zweckgerichtete Art und die Schlichtheit der ersten Projekte Weströms sind Spiegelbild der Situation, in der sie entstanden. Gerade der Wohnungsbau war in der Nachkriegszeit determiniert: Lücken waren zu schließen und das Zerstörte wiederaufzubauen. Die finanziellen Mittel waren sehr gering. Für weitergehende Überlegungen war kein Platz.

Obwohl es der Gestaltung im Sozialen Wohnungsbau in den ersten Jahren an Attraktivität und Spielraum mangelte, versuchte Hilde Weström, die Wohnqualität zu verbessern: Loggien und Balkone sind häufige Elemente ihrer Häuser, auf die natürliche Belichtung von Treppenhäusern und Innenraumerschließungen wurde geachtet. Die ausdruckslosen Fassaden belebte die Architektin, indem sie eine ausgeglichene Fassadengliederung vornahm und Farbkontraste setzte.

Mit der Internationalen Bauausstellung in Berlin von 1957, kurz »Interbau«[2] genannt, zeichnete sich eine Veränderung ab. Seit Mitte der 50er Jahre verbesserte sich zunehmend die wirtschaftliche Lage, wodurch sich auch die Anforderungen der Wohnungssuchenden veränderten. Der Bedarf an Wohnraum war nach wie vor groß, aber die nötigsten Bedingungen waren geschaffen. Nun traten Vorstellungen von individuellem Bauen und Wohnen in den Vordergrund. Die Interbau war eine Antwort darauf.

Teilnahme an der Interbau 1957

107

Mit der Teilnahme an der Interbau begann eine wichtige Etappe in Hilde Weströms Karriere. Ihre Leistung in der Baupraxis und ihre Mitwirkung in der Wohnungsbaupolitik durch die Frauenverbände erfuhren damit eine Bestätigung. Im Zusammenhang mit der Interbau, die Schauplatz für gelungenen Wiederaufbau und städtebauliche Entwicklung in der Stadt Berlin war, entstanden im Hansaviertel in Tiergarten neue Bauten nach den Entwürfen von international bekannten Planern wie z.B. Oscar Niemeyer, Alvar Aalto, Luciano Baldessari und Walter Gropius. Unter ihnen befand sich jedoch keine einzige Frau.

»Die Stadt von morgen«

Hilde Weströms Beitrag zur Interbau 1957 erfolgte in Zusammenarbeit mit der Bauhaus-Absolventin Wera Meyer-Waldeck und war Teil der Ausstellungsabteilung »Die Stadt von morgen«. Dort präsentierten die Architektinnen ihre Konzeptionen zum Thema »Wohnen von Morgen: variables Wohnen«, Vorschläge für neue Wohnformen nach dem Bedarf des neuen Lebensstandards ab der Mitte des Jahrhunderts.[3]

Trotz des beruflichen Erfolgs beider Frauen waren bei einer solchen für Architektur und Städtebau zukunftsweisenden Veranstaltung Beiträge von Frauen noch nicht gefragt. Symptomatisch ist, dass der Bereich des Innenraums, des Häuslichen, an Architektinnen übertragen wird, während ihre Kollegen mit einer großen Schau mitten im öffentlichen Raum ihre Vorstellungen in städtebaulichen Dimensionen zeigen. Diese Gedanken bestätigte die Architektin nachdenklich: »Wir hatten nur Wohnformen zu bearbeiten«.

Bearbeitung des Innenbereichs

Die Ausstellung unterteilte sich in fünf verschiedene Bereiche bzw. Gruppen, von denen sie drei Gruppen bearbeitete. Die erste Gruppe stellte eine kinderreiche Familie, die zweite ein berufstätiges Ehepaar mit Kindern dar. Die dritte Gruppe stand für berufstätige Eheleute ohne Kinder.

Aus der neuen Situation der Frauen als produzierende Familienmitglieder entwickelte Weström ein Konzept, nach dem sie die Grundrisse für eine Wohnung entwarf, die sich »wie ein Organismus wandelt, wächst und schrumpft«. Die Beiträge Hilde Weströms wollten den Wohnraum flexibel machen und die verschiedenen Bereiche des Familienlebens berücksichtigen. Wie auch Meyer-Waldeck fertigte Hilde Weström die Modelle der Wohngruppen im Maßstab 1:1. Auf Anfrage stellten ihnen Firmen bereitwillig ganze Einrichtungen zur Verfügung.

Abb. 50: Wohnung für Familien mit vier Kindern, Interbau 1957

Bei der Organisation der neuen Wohnformen ging es Hilde Weström wesentlich darum, »Küche und Essplatz in eine gute Verbindung zum Wohnraum zu bringen, so dass die Arbeit erleichtert war und die Funktionen sich einfacher erledigten«. Dabei sollte der Platz der Frau nicht nur im Küchenbereich angeordnet sein, im Gegenteil strebte Hilde Weström an, jedem Familienmitglied die Möglichkeit des ungestörten Alleinseins in der Wohnung zu gewährleisten. Ein anderer Punkt, auf den sie besonders achtete, war der Außenraum. Im Wohnraum war stets die Einbeziehung des Außenraums, durch Terrassen oder Gartenplatz, angedeutet.

Möglichkeit des ungestörten Alleinseins für jedes Familienmitglied

Während der Ausstellung konnten die Besucher durch die Modelle im Originalmaßstab gehen und dadurch die Raumerfahrung der verschiedenen Ambiente nachvollziehen.

Raumerfahrung durch Modellwohnungen

In einem der Modelle wurde Hilde Weströms Idee des »Spielflurs« präsentiert. Der Spielflur lief praktisch an den anderen Räumen, von der Küche zu den Kinderzimmern, vorbei. Er war von der Küche durch eine Tür getrennt, die man bei Bedarf öffnen konnte; auch die Kinderzimmer waren durch verschiebbare Wände voneinander getrennt.

Durch die verschiebbaren Wände entstand die Möglichkeit, die Grundrisse nach dem jeweiligen Raumbedarf einer großen Familie entsprechend zu verändern: »Variables Wohnen«, wie es in der Beschreibung der Ausstellung hieß.

Teilung in zwei Installationsbereiche

Eine solche Grundrissform war nur mit zwei Installationssträngen möglich. Das heißt, im Eingangsbereich war ein Installationsstrang mit Küche, Bad und evtl. noch einem zweiten Zimmer, welches abgetrennt als Büro oder dergleichen genutzt werden konnte, während ein zweiter Installationsstrang die Toilette versorgte. Dies war ein Novum, das das Wirtschaftswachstum und die Entstehung von neuen Wohnungsbaugesetzen in der zweiten Hälfte der 50er Jahre in Form von »familiengerechtem Wohnungsbau« möglich machte.

Familiengerechter Wohnungsbau

Auf der Interbau Berlin 1957 präsentierten die Architektinnen Weström und Meyer-Waldeck Möglichkeiten des »familiengerechten Wohnungsbaus«. Die Musterwohnung für eine kinderreiche Familie hatte eine Fläche von ca. 120 m^2 und war für vier Kinder angelegt. Die Architektin Weström nahm ihre eigene Situation zur Überlegungsgrundlage und entwickelte daraus verschiedene Funktionen und Möglichkeiten.

Bauen als Kunst für die Dauer

»Bauen ist eine Kunst für die Dauer, für das Bleiben«, reflektiert Hilde Weström über das Bauen und Wohnen. Die nachträglichen Veränderungen einer Wohnung sind gewöhnlich begrenzt. Mauern lassen sich nicht leicht verschieben, Wärme- und Schallschutzbedingungen müssen beachtet werden. Welche Möglichkeiten der Veränderung gibt es innerhalb einer Wohnung? Weström plädiert für ein Überdenken der eigenen Wohnungskonzepte.

Neben den Anforderungen an Flexibilität müsse man versuchen, die Räume für die einzelnen BewohnerInnen trennbar zu lassen, d.h. dass jeder auf jeden Fall seinen eigenen Raum hat, ihn aber auch verändern kann. Die gemeinsam zu nutzenden Räume (Küche, Esszimmer, Badezimmer) haben einen klaren Platzbedarf, doch das traditionelle Schlafzimmer könnte zum Wohnraum mit Schlaf- und Wohnfunktion umgenutzt werden. Flexibilität in Gedanken und im Gebrauch entstünde beispielsweise auch, indem man das gemeinsame Schlafzimmer, das in der Regel größer ist, den Kindern überlässt und selbst einen kleinen Schlafraum nutzt. Grundsätzlich könnten die überkommenen Formen durchdacht und verändert werden, schlägt die Architektin vor. Bei der Interbau nutzte Hilde Weström die Gelegenheit, die Diskussion um die Nutzung von Wohnflächen zu vertiefen und die Struktur der Raumhierarchie in Frage zu stellen.

Infragestellen der Raumhierarchie

Die ehemalige Schülerin von Heinrich Tessenow, der »Architektur mit einem moralisch-pädagogischen Anspruch verband« und eine »neue Einheit von Wohnung und Arbeit, Natur und Kultur anstrebte«,[4] konnte die spezifischen Anforderungen jeder individuellen Zielgruppe umsetzen.

Einfluss der Häuser auf die Menschen

Es war ihr bewusst, wie das Umfeld und insbesondere die Wohnung Einfluss auf das Leben des Menschen nimmt: Die Häuser, in denen wir leben, wirken auf uns zurück, könnte ihre Maxime sein.

Findet dieser Ansatz möglicherweise Verknüpfungen zur anthroposophischen Denkweise? In ihrer Jugend wurde Hilde Weström durch einen Vortrag auf die Lehre Rudolf Steiners aufmerksam.[5] Während ihrer Studienzeit hörte sie Vorlesungen zur Baugeschichte im Pergamonmuseum bei Prof. Andrae, Direktor des Museums und Anthroposoph, und flüchtete gleichzeitig aus der unruhigen Stimmung, die Mitte der 30er Jahre in Berlin herrschte. Später, als die Architektin eine Schule für ihre Kinder suchte, wurde ihr eine Waldorfschule in Zehlendorf in der Nähe ihres Hauses empfohlen. Wegen der Kinder kam Hilde Weström der Antroposophie noch näher. Zusammen mit einigen Waldorflehrern besuchte sie in Lünen und in Darmstadt Schulen des Architekten Hans Scharoun, der selbst von der Antroposophie beeinflusst wurde: »Da hatte ich immer wieder meine verschiedensten Anregungen und Verbindungen«, so Weström.

Beschäftigung mit der Anthroposophie während der Studienzeit in Berlin

Eine praktische Auseinandersetzung mit der antroposophischen Bauweise kam erst Ende der 50er Jahre, als sie sich im Beruf bereits etabliert hatte. Von dieser Erfahrung erzählt sie mit Freude und Begeisterung: »Ich hatte einen Bauherrn, den Anthroposophen Hans-Georg Schweppenhäuser, mit dem ich viel baute, der mir alles selbst überließ, und lediglich das Geld besorgte.« Hans-Georg Schweppenhäuser war Diplomingenieur, saß im Aufsichtsrat der AEG, hatte eine Waldorfschule in Rendsburg initiiert und kam dann nach Berlin. Hilde Weström baute sein Wohnhaus in der Harnackstraße in Berlin-Zehlendorf. Schweppenhäuser war an den politischen und gesellschaftlichen Entwicklungen sowie am Universitätsleben sehr interessiert und arbeitete in der Gruppe 58 mit, die sich für den Bau eines Studentencampus der Freien Universität Berlin engagierte. Anfang der 60er Jahre gab es eine umfas-

Praktische Auseinandersetzung mit der anthroposophischen Bauweise

Entwurf für ein Studentenwohnheim

sende Diskussion um studentisches Wohnen. Auf Anregungen Schweppenhäusers hin entwarf Hilde Weström einen Komplex mit Wohnheim, Cafeteria und Gästehaus für das Grundstück an der Garystraße/Clayallee in Berlin-Dahlem.

Sie hatte bereits eine Baugenehmigung erwirkt, alles war für die Ausschreibungen vorbereitet, und über das Projekt gab es bereits interne Veröffentlichungen. Als die Gruppe 58 jedoch nicht mehr in das Gremium gewählt wurde, wurden andere Einflüsse geltend. Der Vertrag wurde Weström entzogen, und das Projekt ging 1965 an einen ihrer Kollegen, der es zu Ende führte. Die gebaute Konzeption ist dem Entwurf Weströms erstaunlich ähnlich.[6]

Einfluss der anthroposophischen Raumlehre?

Hatten Elemente der anthroposophischen Raumlehre Einfluss auf ihr architektonisches Denken? »In den Formen wenig«, überlegt sie, doch sieht sie einige Bauten, die man damit in Verbindung bringen kann: »Vor allem diejenigen, die ich mit Schweppenhäuser machte, das Altersheim hier in Moabit und die musische Erziehung in der Argentinischen Allee. Es sind beides Bauten, wo er der Manager war, der mir alles überließ. Der Inhalt der Gebäude ist beeinflusst durch die Gesellschaften, die es bezogen. Ich musste bedenken, wer einzog, mich mit den Bewohnern und ihren Ideen auseinandersetzen«, erklärte sie.

Ihre Arbeitserfahrung mit dem Antroposophen Schweppenhäuser fasste die Architektin im Ausstellungskatalog des Verborgenen Museums Berlin zu ihrer Ausstellung im Berlin-Pavillon aus dem Jahr 2000 zusammen: »Entscheidende Impulse [...] erhielt ich aus den Bauaufträgen für Gemeinschaftsbauten, die ich in Zusammenarbeit mit Schweppenhäuser realisierte, für den das Bauwerk [...] in einem engen Zusammenhang mit dem zugrunde gelegten weltanschaulichen bzw. inhaltlichen Anspruch stand.«[7]

Entwürfe der 60er und 70er Jahre

Betrachtet man ihre letzten Projekte genauer, scheint die Berührung mit der antroposophischen Lebensphilosophie auf die Bauten Hilde Weström eine Wirkung zu haben, auch wenn diese sich nicht an den Formen festmachen lässt. Weströms Architektur wird im Laufe der Jahre reflexiver und poetischer und versucht, bauliche Antworten auf differenzierte individuelle Lebensformen zu geben. Die spezifischen Anforderungen der Nutzer und deren Wohlbefinden in den

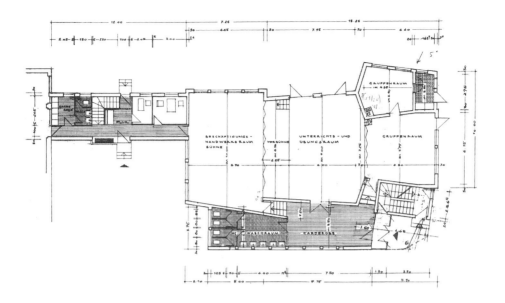

Abb. 51:
Grundriss Erdgeschoss
Haus zur Förderung
der musischen Erziehung

entsprechend durchdachten Räumen prägen die Werke Hilde Weströms in den 60er und 70er Jahren.

Unter anderen durchgeführten Projekten sind in diesem Zusammenhang insbesondere das Haus Hanke-Förster, ein Wohnhaus mit Bildhaueratelier in Berlin-Zehlendorf (1965) sowie das antroposophische Altersheim in Berlin-Moabit (1963/64) zu nennen.

Bei letzterem lassen sich einige Lösungen mit den Prinzipien einer Architektur aus anthroposophischer Sicht verbinden, da dort vom »Organischen« als Entwurfsprinzip ausgegangen wird, wobei »organisch« hier bedeutet, eine eigene gestalterische Kraft des Raums zu fördern und nicht, die Natur nachzuahmen.

Ein solcher Ansatz ist in dem Entwurf für das Altersheim »Haus Christophorus« am Eyke-von-Repkow Platz in Berlin-Moabit zu erkennen [Abb. 52 und 53]. Das Grundstück befindet sich in privilegierter Lage, an einem grünen, ruhigen Platz nahe der Spree, von Wohnhäusern umgeben. Der Gebäudegrundriss nimmt Rücksicht auf die Lage. Für das Haus wurde die L-Form verwendet, die die Straßenecke umschließt. Die individuellen Wohnräume befinden sich in den oberen Geschossen, die Gemeinschaftsräume im Erdgeschoss.

Altersheim Haus
Christophorus

Abb. 52:
Haus Christophorus
(Zustand 2001)

Die Fensterflächen sind groß, wodurch helle, geschützte Fensterplätze entstehen. Die Anordnung der Türen erweitert die Blickachse über den Balkon und vermittelt einen größeren Raumeindruck.

Die Verbindung nach Außen erfolgt weiter durch schräge Balkone, die der Fassade Beweglichkeit verleihen und eine gestufte Wahrnehmung des Äußeren ermöglichen, indem sie nicht abrupt vor der Fassade hängen, sondern fast als eine Art verlängerte Wohnfläche den Raum erweitern.

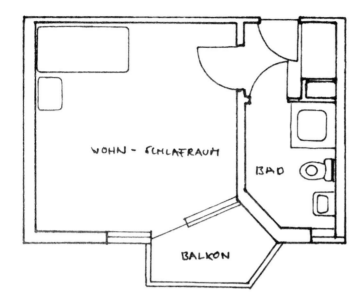

Abb. 53:
Demonstrationsgrundriss eines Appartements im Christophorus-Haus

Die Farbgestaltung innen ist im Allgemeinen zurückhaltend. Leichte Tönungen in warmem Gelb und Rosa betonen einzelne Bereiche und dienen der Orientierung. Außen ist das Gebäude in einem tiefen Gelb angelegt, das mit der weißen Klinkerverkleidung des Eingangsbereiches und des Erschließungsturms (Aufzug, Treppenhaus) angenehm kontrastiert.

Die Senioren, die in diesem Haus wohnen, bestätigen die Qualitäten ihres Wohnheims. Vor allem der die Wohnungen verbreiternde Effekt der Balkone und die Geborgenheit, die die Schrägen vermitteln, werden von den Bewohnern gelobt, wie die Stifterin des Grundstücks, die seit der Gründung im Haus wohnt und Mitglied der Allgemeinen Anthroposophischen Gemeinschaft ist, betont.

Geborgenheit im Altenwohnheim

In den 60er Jahren beschäftigte sich Hilde Weström zunehmend mit dem Thema Einfamilienhaus. Es handelt sich dabei oft um Projekte, in denen die spezifischen Bedürfnisse und Lebensformen der Bewohner die Entwurfskonzeption definieren, wie im Haus mit Atelier, das Hilde Weström für die Bildhauerin Ursula Hanke-Förster und ihren Mann am Teltower Damm in Berlin-Zehlendorf baute [Abb. 54].

Haus Hanke-Förster

115

Atelierhaus mit Kranbahnen

Dieses aus weißen Kalksandsteinen gebaute Haus mit vorwiegend geraden Linien in der Außenerscheinung ist – wie auch andere Einfamilienhäuser der Architektin – in der Konzeption zurückhaltend und fügt sich in seine Umgebung als Solitär ein; es entsteht keine spektakuläre stilistische Konfrontation. Außergewöhnliche Lösungen und Konzeptionen sind eher in der Raumgestaltung zu finden. Das nach außen als geschlossener Kubus wirkende Haus öffnet sich zum Garten auf der Rückseite. Der Grundriss teilt sich in zwei Bereiche: Wohnraum und Atelierraum. Der letztere entspricht mit 8 m lichter Höhe der Höhe des zweistöckigen Hauses. Der Atelierraum ist mit Kranbahnen ausgestattet, die es ermöglichen, schwere Skulpturen zu bewegen.

Mitarbeit beim Bau der Berliner Staatsbibliothek

Anfang der 70er Jahre gab es eine Wende in der Karriere der Architektin. Weström begann ab 1971, in einem Angestelltenverhältnis beim Bau der Berliner Staatsbibliothek zu arbeiten, die nach dem Entwurf von Hans Scharoun gebaut wurde. Hilde Weström stieg in einer fortgeschrittenen Ausführungsphase in das Projekt ein. Während der Arbeiten starb Scharoun; die Fortführung wurde von seinen NachfolgerInnen übernommen. Weström bearbeitete die Ausführungsplanung eines der letzten Baubabschnitte: des Ibero-Amerikanischen Instituts. Die Arbeit im Team gefiel der erfahrenen Architektin. Fünf Jahre arbeitete sie in dem Büro an der Durchführung des Komplexes mit. Zum ersten Mal in ihrem Berufsleben war sie angestellt, bekam Urlaub und hatte ein festes Gehalt. »Es war ein nettes Team. Es war reizvoll, dort mitzuarbeiten. Das Büro war Ecke Potsdamer Straße und Schöneberger Ufer, hoch oben, und Wisnewski guckte mit dem Fernrohr auf die Baustelle, um sie zu beobachten«, erinnert sie sich an diese Zeit.

Umbau eines Bauernhofs zu Wohnhaus und Töpferwerkstatt

Noch während der Mitarbeit am Bau der Staatsbibliothek betreute Hilde Weström über mehrere Jahre hinweg das Umbau- und Instandsetzungsprojekt eines Bauernhofs und Ateliers für die Künstlerin Gesa Petersen in Wettmershagen zwischen Braunschweig und Wolfsburg. Nach Fertigstellung der Staatsbibliothek widmete sie sich ganz dieser umfangreichen Maßnahme in einer über 200 Jahre alten Anlage, die 1981 fertiggestellt wurde. Bei dem Projekt handelte es sich um ein großes Bauernhaus mit Stall und Scheune, das die Architektin als Wohnung, Töpferhaus und Töpferwerkstatt für die

Abb. 54:
Haus Hanke-Förster
(Zustand 2001)

Keramikerin sanierte und ausbaute und zu dem auch ein großer Garten gehörte. Die Sanierung des Dachbereichs und die Erhaltung historischer Bauteile waren notwendige Maßnahmen. Das alte Bauernhaus ergab zwei große Wohnungen, Atelier- und Nebenräume. Es waren viele funktionale Änderungen notwendig, wie z.B. der Ausbau des Kuhstalls als Werkstatt mit dazugehörigem Wintergarten.

Nach Abschluss dieses Projektes beendete Hilde Weström ihre umfassende Tätigkeit als Architektin, die von dem eingeschränkten Programm der Notunterkünfte über den sozialen Wohnungsbau bis zu anspruchsvollen Anforderungen von Atelierhäusern die unterschiedlichsten, widersprüchlichsten Facetten ihres Berufs erfüllte.

Obwohl sie sich aus der Praxis zurückgezogen hat, ist das Interesse der Berliner Architektin für das Baugeschehen in ihrer Stadt nach wie vor sehr groß. Sie nimmt gerne an besonderen Ereignissen wie z.B. der Preisverleihung der Architektenkammer Berlin an Daniel Libeskind teil oder besucht die Werkausstellung Alvar Aaltos in der Akademie der Künste.

In ihrem Ruhestand beschäftigte sich Hilde Weström als Mitglied der Gedok mit der Betreuung der Künstlerin Gerda Rotermund bis zu deren Tod 1982. Sie verwaltete deren schriftlichen Nachlass, den sie 1992 dem Archiv der Berliner Akademie der Künste übergab.

Bevorzugte Projekte im »neuen« Berlin

Ihre Bewertung der neuen Bauten, welche die Rolle des vereinigten Berlins als Hauptstadt akzentuieren, ist durchaus positiv. Neben dem Jüdischen Museum schätzt die Architektin die Kuppel des Parlamentsgebäudes, des ehemaliges Reichstagsgebäudes, von Norman Foster: »Das sind zwei gelungene Dinge in dem neuen Unternehmen Berlin.«

Potsdamer Platz

Skeptisch sieht sie dagegen die riesige städtebauliche Maßnahme am Potsdamer Platz, die das einstige imposante Kulturforum in den Schatten rückt. Sie fürchtet eine eventuelle Abwertung des Kulturforums als kulturellen Bau hinsichtlich seiner Lage: »Da hatte ich die Sorge, dass sie damit sehr stören und es abwerten, also, da bin ich mir noch nicht ganz sicher, ob da nicht sehr viel falsch gemacht worden ist in der Höhe. Da weiß ich noch nicht so ganz genau, wie es ausgehen wird. – An sich könnte es überleiten zum Tiergarten, aber dazu ist es eben zu abrupt hoch, gleich hinter dem Forum. Es erdrückt. Es ist kein Gegensatz, sondern... man hat keine Rücksicht genommen. – Die öffentliche Meinung und Stimmung geht ja im Grunde genommen jetzt etwas gegen Scharoun, so dass man weiß, warum keine Rücksicht genommen worden ist, nicht? Aber man hofft, dass es sich irgendwo einspielt, denke ich.«

Zwei solch gegensätzliche Positionen, der neue »globale« Potsdamer Platz und das spätmoderne Kulturforum, hätte man sie in einer Planung integrieren können?

»Die moderne Entwicklung ging einfach weg, ging einfach weg von den heroischen Stadtplänen.« Hilde Weström bezieht sich auf die Position Scharouns, dem Planer des Kulturforums, der einmal geglaubt hatte, dass das Kulturforum ein Mittelpunkt für die Zusammenführung der Stadt werden könne. »Das ist es nun gar nicht«, stellt Weström fest. »Es ist jetzt ein Nebenereignis neben dem Potsdamer Platz. Ich bin der Meinung, da müßte noch etwas geschehen. Sicher ist, dass man die zusätzlichen Bauten, das Gästehaus, Restaurants und dergleichen [im Kulturforum] nicht bauen wird. Das ist ja auch nicht nötig durch den Potsdamer Platz. Das finde ich ganz schön. Und deshalb sollte man jetzt also darauf achten, dass das Kulturforum für sich seine Wirkung behält. Das lässt sich ja durch Bepflanzung, Wasser oder sonst was tun. Also, das wird noch kommen, nehme ich an«, äußerte sie weiter ihre Meinung, die zur Entwicklung einer städtebaulichen Konzeption verwendet werden könnte, die die Stadt als Ort des sozialen Gedächtnisses betrachtet. Eine Stadtgeschichte, zu der ihr Werk wie das anderer Architektinnen gehört, deren Anteil meist ignoriert wurde.

Kulturforum als Nebenereignis?

Auch in punkto Stadtgeschichte war Hilde Weström indirekt Pionierin: Zum ersten Mal wurde im Berliner Pavillon im Frühling 2000 eine Ausstellung über eine in der Stadt wirkende Planerin gezeigt – unweit des Hansaviertels, wo Hilde Weström vor über 40 Jahren bei der »Interbau 57« der Öffentlichkeit ihre Konzepte für das Wohnen der Zukunft präsentiert hatte.

Lina Bo Bardi:
Architektur in Form
tropischer sozialer Utopien

»Architektur ist nicht einfach eine Utopie, sondern vielmehr ein Mittel, um kollektive Ergebnisse zu erzielen.«

Im Spätsommer 1946 befand sich die Architektin Lina Bo Bardi an Bord eines Schiffes in Richtung Südamerika. Der Zweite Weltkrieg war seit einem Jahr zu Ende; in ihrer europäischen Heimat lebten die Menschen noch zwischen Trümmern in den zerstörten Städten.

Der Anblick der wunderschönen, zwischen Hügel, Himmel und Meer entlang der Guanabara-Bucht verlaufenden Stadt faszinierte die junge Frau aus Rom. Vor der Küste Rio de Janeiros schrieb sie in ihr Tagebuch: »erste Friedensbotschaft nach dem ›Diluvio‹ des Krieges. Ich fühle mich in einem Land des Unvorstellbaren, wo alles möglich ist. Ich bin glücklich, und in Rio gibt es keine Ruinen.«

Brasilien 1946 – Land des Unvorstellbaren

Hatte sie während der langen Fahrt über den Atlantik darüber nachgedacht, wie diese Reise ihre Zukunft beeinflussen könnte? Vielleicht war es ihr intuitiv bewusst, dass es in der neuen Umgebung unbegrenzte Möglichkeiten für ihre berufliche Entfaltung gäbe.

Dass Lina Bo Bardi – eine Bewunderin der modernen brasilianischen Baukunst – allerdings selbst zu dieser Baugeschichte einen der spannendsten und einzigartigsten Beiträge leisten würde, war noch nicht abzusehen.

Zur Biografie

Achillina Bo, Tochter von Enrico und Giovanna Bo, wurde 1914 in Rom geboren. Ihre Kindheit verbrachte sie zwischen der »ewigen Stadt« und der Region der Abruzzen, wo sie ihren Großvater in den Schulferien besuchte. Sie wuchs in einer Familie auf, in der die Kunst verehrt wurde. Ihr Vater war Maler; mit ihrem Onkel, einem Journalisten, ging sie oft ins Theater.

Architekturstudium in Rom

Ihre Ausbildung als Architektin absolvierte sie ebenfalls in Rom. Als Abschlussarbeit entwarf Lina Bo ein »Geburtshaus für unverheiratete Mütter«, ein Projekt, das von ihrem unkonventionellen Denken über Architektur und Gesellschaft zeugt.

1939 ging die junge Architektin nach Mailand, wo sie im Büro des renommierten Architekten Gio Ponti als Assistentin an verschiedenen Projekten mitwirkte.

Die vielseitigen Arbeitsbereiche des Architekturbüros reichten vom Möbeldesign bis zur Stadtplanung. Gleichzeitig war Ponti Direktor der Triennale von Mailand und Leiter der Architekturzeitschrift »Domus«.

Vom Möbeldesign bis hin zur Stadtplanung

Mit dem Kriegsausbruch verschlechterte sich die Auftragslage, zumal es wegen der Bombardierungen gefährlich war, Bauaufträge auszuführen. Man wandte sich stattdessen der Theorie zu.

Hinwendung zur Theorie

Während der Kriegsjahre arbeitete Lina Bo als Grafikerin für bekannte Zeitungen und Zeitschriften in Mailand. Zudem schrieb sie Artikel über Architektur für verschiedene Magazine.

Sie eröffnete ein eigenes Büro in Mailand, welches im Juli 1943 während einer Bombardierung völlig zerstört wurde. Im selben Jahr übernahm sie in Bergamo die Leitung der Fachzeitschrift »Domus«.

Redakteurin der Architekturzeitschrift »Domus«

Als Redakteurin verfasste sie einige Artikel, in welchen sie die Rolle der Architektur im Zusammenhang mit der Kriegssituation Europas kritisch betrachtete. Wie Lina Bo in ihrem »Literarischen Lebenslauf« erzählt, fiel einer dieser Texte der Gestapo in die Hände. Nur durch ein Wunder konnte sie durch die Keller von Mailand den Nazioffizieren entfliehen.

Kurz nach Kriegsende wurde sie von einer Zeitung beauftragt, eine Reportage über die Konsequenzen der Kriegszerstörung in Italien zu schreiben. Begleitet von einem Reporter und einem Fotografen bereiste sie das ganze Land, um den Zustand der Städte zu dokumentieren.

1945 lernte sie den berühmten Architekturhistoriker Bruno Zevi kennen, der gerade aus dem amerikanischen Exil zurückgekehrt war. Gemeinsam gründeten sie die Architekturzeitschrift »A – Cultura della Vita« (»A – Kultur des Lebens«). Ziel der Zeitschrift war es, in der moralisch zerschlagenen italienischen Nachkriegsgesellschaft einstige Werte wieder zu beleben.

Gründung der Zeitschrift »A – Cultura della Vita«

1946 heiratete Lina Bo Pietro Maria Bardi. Bardi war ein erfolgreicher Journalist und Kunstkritiker mit zahlreichen internationalen Kontakten. Im selben Jahr gingen sie zusammen nach Brasilien.

1946 Heirat und Auswanderung nach Brasilien

Noch in den 40er Jahren war es für eine Frau ungleich schwieriger als heute, sich in der klassischen Männerdomäne Architektur zu behaupten. Erschwerend für Bo Bardi kam hinzu, dass sie sich in einer völlig fremden Umgebung befand. Trotz der vielen gemeinsamen Aspekte, welche beide Kulturen – die brasilianische und die italienische – in ihren lateinischen Wurzeln vereinigen, forderte die neue Situation von ihr eine hohe Assimilationsfähigkeit.

Zur Geschichte Brasiliens

Ein kurzer Blick auf die Geschichte Brasiliens: Nach vier Jahrhunderten unter der Herrschaft Portugals gelang es dem jungen Land 1889, ein demokratisches System zu gründen. Dieses wurde im Laufe der Jahrzehnte immer wieder durch soziale und politische Unruhen instabil, bis hin zur Übernahme der Macht durch Getulio Vargas. Vargas, der von 1930 bis 1945 eine Diktatur geführt hatte, wurde 1945 zum Präsidenten gewählt.

Während des Zweiten Weltkriegs hatte er Olga Benário, die jüdische Frau seines Gegners, dem Chef der Kommunistischen Partei Julio Prestes, nach Deutschland deportieren lassen.

Wirtschaftswachstum und Industrialisierung nach 1945

In den Jahren nach dem Zweiten Weltkrieg befand sich Brasilien in einer Phase relativ kontinuierlichen wirtschaftlichen Wachstums, zumindest dem Anschein nach herrschte politische und soziale Stabilität.

Der Industrialisierungsprozess setzte rasch ein und zog typische Phänomene wie zunehmende Einwanderung in die Großstädte und die daraus resultierende Übervölkerung und Arbeitslosigkeit, nach sich.

Zusammen mit der Bourgeoisie wuchs eine neue Kunstszene heran, die dieser neuen nationalen Stimmung die notwendigen Symbole lieferte.

Semana de Arte Moderna als Initiation

Bereits 1922 hatten KünstlerInnen und Intellektuelle eine Reihe von avantgardistischen Veranstaltungen unter dem Namen »Semana de Arte Moderna« – »Woche der Modernen Kunst« organisiert. Damit war eine wahre ästhetische Revolution initiiert wordem. Seitdem blieb die Suche nach der kulturellen Identität der brasilianischen Gesellschaft mit dem Begriff der Modernität verbunden. Die Authentizität dieser Kombination ließ sich mit dem Wirken von Talenten wie z.B. Heitor Villa-Lobos in der Musik, João Guimaraes Rosa in der Literatur und Cândido Portinari in der Malerei bestätigen. Brasilien verstand sich als Land der Zukunft.

Brasilien als Land der Zukunft

122

Abb. 55:
Lina Bo Bardi

Zur Repräsentation dieses neuen Verständnisbildes trugen auch die ArchitektInnen bei. Mit Unterstützung der Regierung Vargas entstanden zahlreiche neue Verwaltungsgebäude, populäre Wohnsiedlungen, Schulen und Sporthallen. Das Ministerium für Bildung und Kultur (M.E.C.), nach der Planung von Lucio Costa und seinem Architektenteam errichtet, etablierte die Ära der Modernität in der brasilianischen Baugeschichte. Dieses Szenario war der jungen italienischen Architektin bekannt, die den Standortwechsel als positiv empfand.

Neue Aufgaben der Architektur

Gleich nach ihrer Ankunft in Brasilien wurden Lina Bo Bardi und ihr Mann Pietro Maria Bardi von der Gruppe um die Architekten Oscar Niemeyer und Lucio Costa im IAB, dem Brasilianischen Architekten-Institut, empfangen und in deren Kreis aufgenommen.

Ein Kunstmuseum in São Paulo

1947 beauftragte man Pietro Maria Bardi mit der Gründung und Leitung eines Kunstmuseums. Über den Standort durfte er entscheiden: Rio de Janeiro oder São Paulo. Rio zeichnete sich durch mondänes Flair und eine zauberhafte landschaftliche Lage aus. Lina Bo Bardi entschied diese Wahl jedoch zugunsten der tristen Kaffeemetropole São Paulo: »Ich hätte Rio gewählt, aber das Geld war in São Paulo.« Die Bardis zogen also in die brasilianische Industriemetropole.

In São Paulo setzte Lina Bo Bardi ihre berufliche Tätigkeit fort. Die Kontakte zu privilegierten finanzkräftigen Schichten der Bevölkerung ermöglichten ihr Aufträge. Trotzdem blieb sie in ihrer kritischen Haltung ihrem Beruf und der Gesellschaft gegenüber konsequent.

1951 nahm die Architektin die brasilianische Staatsangehörigkeit an.[1]

Zum Werk

Sowohl die Entwürfe als auch die theoretische Reflexion Lina Bo Bardis sind in ihrer Originalität als auch Qualität der architektonischen Lösungen mit denen anderer Meister der Moderne vergleichbar und ihnen in vielen Aspekten überlegen.

Da ihre Tätigkeit sich von Mitte der 40er bis Anfang der 90er Jahre streckt, überspannt sie gleich mehrere Perioden der modernen Bewegung und deren Ausklänge. So sind in den mehr als 50 Jahren ihres Arbeitslebens verschiedene künstlerische Phasen zu erkennen.

Die Facetten der vielseitigen intellektuellen Produktion Lina Bo Bardis sowie die steigende Komplexität ihres Werkes lassen sich in vier Hauptetappen gliedern: in die experimentelle Phase (1948 bis 1957), die Assimilationsphase (1958 bis 1967), die »schweigende Phase« (1968 bis 1976) sowie die lange und letzte »Phase der Entfaltung« (1977 bis 1991).

Innenarchitektur und Möbeldesign

Zu der ersten Arbeitsphase der Architektin in Brasilien gehörten Innenarchitektur und Möbeldesign, realisierte und nichtrealisierte Entwürfe. In São Paulo eröffnete sie in Partnerschaft mit dem Architekten Giancarlo Palanti das auf Inneneinrichtung spezialisierte Atelier Palma. In den von Lina

Abb. 56:
Das »Glashaus«

Bo Bardi entworfenen Möbelstücken wurden meist die vor Ort vorhandenen Rohstoffe wie Holz und Leder verwendet. Die Leichtigkeit und Klarheit ihrer Designkonzeption verleihen der natürlichen Schönheit dieser Stoffe eine neue Dimension.

Ihr erstes Architekturprojekt in São Paulo war 1947 der Innenausbau des von ihrem Mann geleiteten Museums. Das Kunstmuseum wurde in einem alten Bürogebäude untergebracht, was erhebliche funktionale Anpassungen erforderte, damit die Räume für Ausstellungszwecke genutzt werden konnten. Für dieses Vorhaben entwarf sie nicht nur die Nutzungspläne, sondern informierte sich gründlich über die aktuellsten Konzepte und Technologien des modernen Museumsbaus. Diese Kenntnisse qualifizierten sie für weitere spätere Aufgaben auf diesem Gebiet.

Innenausbau eines Museums

Neben der praktischen Tätigkeit war sie auch Herausgeberin der Kunstzeitschrift »Habitat«, in der sie Beiträge über moderne Architektur und Design veröffentlichte.

Das »Glashaus«

Eines ihrer bekanntesten Werke entstand in dieser ersten Phase: ihr eigenes Haus aus dem Jahr 1951, »Casa de Vidro«, »Glashaus«, genannt [Abb.56]. Das Grundstück liegt in Morumbi, einem vornehmen Stadtteil von São Paulo.

An diesem Bau sind die Thesen der klassischen Moderne deutlich erkennbar. Er erinnert an den Barcelona-Pavillon von Mies van der Rohe und an die Villa Poissy von Le Corbusier. Wie in diesen Bauten verwendete Bardi die »unabhängige Fassade«, Glaswände, Stützen und Flachdach. Der Unterschied zu den Kollegen war, dass Lina – wie sie in den brasilianischen Architekturkreisen genannt wird – diese Elemente bis zur Erschöpfung ihrer konstruktiven Möglichkeiten herausforderte. Diese Besonderheit ihrer Entwürfe ist beim »Glashaus« vor allem im statischen Konzept und in der Hauptfassade zu erkennen.

Unabhängige Fassade, Glaswände, Stützen und Flachdach

Die Struktur des Hauses besteht aus dünnen Betondecken und Stahlstützen mit sehr geringem Durchmesser. Die Außenhülle wird aus riesigen, mit leichten Metallprofilen gerahmten Glasscheiben gebildet.

Als das Haus gebaut wurde, galten noch die alten brasilianischen Baunormen, die eine solch sparsame Dimensionierung erlaubten. Nach der Veränderung der in den 50er Jahren an die internationalen Standards angepassten Richtlinien wäre die Baugenehmigung nicht mehr erteilt worden. Die von der Architektin verwendete Struktur erreichte dennoch die notwendige Standsicherheit und wirkt durch ihre Leichtigkeit und Transparenz fast »hängend«.

Leichtigkeit und Transparenz

Der Innenraum, der aus einer einzigen Ebene besteht, ist in drei Nutzungsbereiche unterteilt. Der vordere Raum ist großzügig als Wohnzimmer gestaltet, von dem ein freier Blick zum Horizont möglich ist, was den Eindruck von Unendlichkeit vermittelt. Um das Haus herum befindet sich ein dichter tropischer Wald; zu sehen ist auch der »Urwald« der Wolkenkratzer São Paulos. Außer durch Glasscheiben werden Innen- und Außenraum durch keine weiteren Elemente getrennt.

Zwischen dem U-förmigen Wohnbereich und dem Schlafbereich bildet sich ein schützender Luftraum. Die Fenster der Schlafzimmer öffnen sich zu einem geschlossenen Innenhof. Der wertvolle Baumbestand wurde berücksichtigt und in die Architektur integriert.

Das Haus hat Museumscharakter, es beherbergt Gegenstände, die zur Geschichte der Familie Bo Bardi gehören. Hier

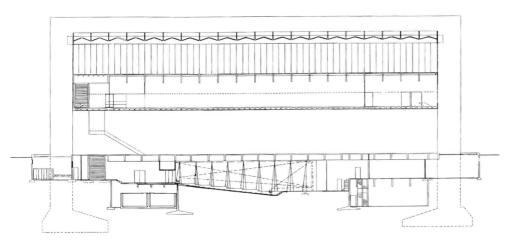

Abb. 57:
Schnitt MASP

befinden sich bis heute Designstücke aus der frühen Produktion Bo Bardis wie z.B. die Stühle »Lina's Bowl« und »Tripé«, »Dreifuß«.

Zur Bewerbung um einen Lehrstuhl an der Fakultät für Architektur an der Universität von São Paulo 1955, an der sie im Anschluss daran für einige Zeit unterrichtete, schrieb sie den wichtigen Text »Contribuição propedêutica ao ensino da Teoria da Arquitetura«, in dem sie ihre Thesen zur Architekturtheorie und -ausbildung zusammenfasste.[2]

Ende der 50er Jahre begann eine neue Periode in der Karriere der Architektin, die durch einen langen Aufenthalt im Nordosten Brasiliens geprägt wurde.

Aufenthalt im Nordosten Brasiliens

Fünf Jahre lebte sie dort, vorwiegend in Salvador, wo sie mit der Betreuung eines Sanierungsprojektes beauftragt wurde. Neben der Sanierung des »Solar do Unhão«, einem Komplex aus dem 16. Jahrhundert, beschäftigte sie sich weiter mit kulturellen Projekten. Hierzu zählen die Gründung und Betreuung des Museu de Arte Moderna da Bahia, die Organisation von Ausstellungen und die Realisierung verschiedener Arbeiten im Bereich des Bühnenbilds und Kostümdesigns.

Bo Bardi kam dort in engeren Kontakt mit der traditionellen Volkskultur Brasiliens und deren spezifischen Komponenten und Einflüssen aus den indianischen und afrikanischen Kulturen. Sie beschäftigte sich mit den Kunstformen und -sprachen dieses für sie erneut neuen Brasiliens und lern-

Auseinandersetzung mit der brasilianischen Volkskultur

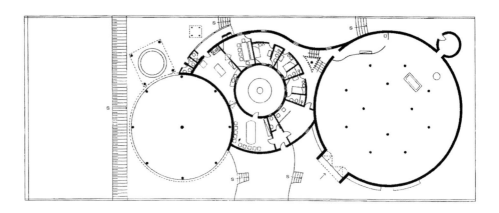

Abb. 58:
Grundriss der Kirche Espírito Santo do Cerrado in Uberlândia

te eine andere Realität, ein anderes Land als die bürgerliche »Paulicéia« kennen. Diese Erfahrung gab ihr Anlass für eine tiefe Reflexion über Kultur und Gesellschaft des Landes, für welches sie ihre Architektur entwarf.

Inzwischen gehörte die Architektin zur avantgardistischen Kulturszene Brasiliens und stand in enger Verbindung mit Künstlerkreisen. Eine dieser kreativen Bewegungen war das »Cinema Novo« um den Regisseur Gláuber Rocha.

Zusammen mit alternativen Theatergruppen leistete diese künstlerische Richtung Widerstand gegen den Druck der Militärdiktatur, die seit 1964 an der Macht war. Lina Bo Bardi entwarf mehrere Bühnenbilder für die Theater- und Filmproduktionen dieser Gruppe. Dadurch bekam sie selbst Probleme mit dem Regime und musste den Bundesstaat Bahia verlassen.

Dieser Zeitraum ist durch eine Vertiefung der architektonischen Reflexion Lina Bo Bardis charakterisiert. Sie beschäftigte sich insbesondere mit dem Kunstgewerbe und der sogenannten »Volkskunst« und veröffentlichte dazu mehrere Essays. Weiter arbeitete sie an Entwürfen für sozial orientierte Projekte wie das städtebauliche Konzept für die Gemeinde Camurupim im Nordosten Brasiliens.

MASP – Museum für Moderne Kunst

Das bauliche Hauptwerk dieser Phase ist der Neubau eines Museumsgebäudes, des MASP, Museum für Moderne Kunst der Stadt São Paulo [Abb. 57 und Buchumschlag], dessen Bauzeit von der Planung bis zur Fertigstellung von 1957 bis 1968 dauerte. In diesem Projekt gelang es Bo Bardi, einen

Abb. 59:
Kirche Espírito Santo do Cerrado

eleganten Baukörper mit fortschrittlichem technischem Denken zu verbinden. Das Gebäude ist das Resultat von Bo Bardis ständigen Forschungen zum Thema Museumsraum.[3] Sie entwickelte ein hervorragendes statisches Prinzip, mit welchem sie durch ein Minimum an Bauelementen ein einziges geschlossenes Volumen schuf, das für sie die ideale Vorstellung vom Museumsraum verkörperte.

Das Museumsgebäude besteht aus zwei Obergeschossen mit Ausstellungsräumen, die von vier Säulen getragen werden. Drei Untergeschosse, in denen sich unter anderem ein Theater befindet, werden in der Hauptfassade nicht wahrgenommen.

Durch ein »hängendes System« tragen vier Säulen – die einzigen Bauteile mit Bodenkontakt – das ganze Gebäude. Auf diese Säulen wurden zwei Träger aufgesetzt, welche die Dachkonstruktion stützen. Zwei Hauptträger liegen auf Konsolen, von denen Stahlseile herunterhängen, die den Boden der ersten Etage tragen. Die untere Ebene bleibt zwischen den vier Säulen frei; sie ist eine der breitesten stützenfreien Decken der Moderne. Aufgrund der talwärts gerichteten Lage wird von der Avenida Paulista, der Museumspromenade auf Erdgeschossniveau, ein freier Blick über die Stadt ermöglicht.

»Hängendes System«

Die sensible Einbindung des Museumskomplexes in die Umgebung stellt eine gelungene städtebauliche Lösung dar.

Kirchenbauten in den 70er Jahren

In der zweiten Hälfte der 70er Jahren befasste sich Lina Bo Bardi unter anderem mit einer Aufgabe, die selten Architektinnen anvertraut wird: mit der Konstruktion von sakralen Räumen. Bardi verweist in ihrem Curriculum auf zwei solcher Projekte: die Kirche Espírito Santo do Cerrado in der Stadt Uberlândia im Bundesstaat Minas Gerais (1976/1982) und die Kapelle Santa Maria dos Anjos in Ibiúna im Bundesstaat São Paulo (1978).

Kirche Espírito Santo do Cerrado

Beide Entwürfe basieren auf klassischen Grundrissen der Architekturgeschichte. Lina Bo Bardi entschloss sich für offene, zentralisierte Innenräume. Für die Kirche Espírito Santo do Cerrado [Abb. 58 und 59] plante sie zwei kommunizierende runde Baukörper mit einem großen Vorraum, während sie für die Kapelle einen kompakten, von einer Veranda umgebenen, quadratischen Grundriss wählte.

In beiden Fällen wurde sowohl auf das Individuum als Hauptdarsteller der Rauminszenierung als auch auf den Dialog zwischen Architektur und Umgebung Wert gelegt.

Bo Bardi bevorzugte die Verwendung von Baumaterialien aus lokaler Produktion. Deutlich ist die Übernahme von Typologien der traditionellen Architektur wie z.B. dem »Alpendre« (eine Art breiter Veranda), dem Innenhof oder kolonialen barocken Bauformen. In diesen Projekten setzte sich Bo Bardi intensiv mit Elementen der einheimischen Kultur auseinander.

Die kreativsten Werke Lina Bo Bardis entstammen ihrer letzten Arbeitsphase. Sie kombinierte ihre vielseitige Erfahrung mit einem kritischen Blick auf das Phänomen Architektur im praktischen und im theoretischen Sinne. Auf diesem Weg kam die Architektin zu ästhetischen Erkenntnissen, die sich von den Paradigmen der modernen Baukunst entfernten.

Architektur als konstruktiver Prozess

Bo Bardis Architektur dieser Zeit sollte ein konstruktiver Prozess sein, der auf der Baustelle fortgeführt werden konnte, und nicht bloß das Endprodukt eines Planungsbüros war.

Sie versuchte, eine »arme« Architektur zu schaffen, worunter sie eine Architektur der Schlichtheit verstand und setzte sich mit der Ästhetik des Hässlichen und der Kritik am Design auseinander.

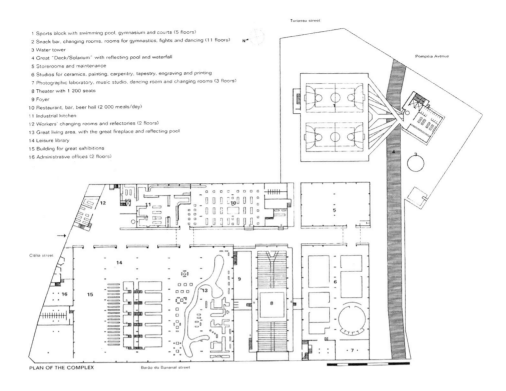

1 Sports block with swimming pool, gymnasium and courts (5 floors)
2 Snack bar, changing rooms, rooms for gymnastics, fights and dancing (11 floors)
3 Water tower
4 Great "Deck/Solarium" with reflecting pool and waterfall
5 Storerooms and maintenance
6 Studios for ceramics, painting, carpentry, tapestry, engraving and printing
7 Photographic laboratory, music studio, dancing room and changing rooms (3 floors)
8 Theater with 1 200 seats
9 Foyer
10 Restaurant, bar, beer hall (2 000 meals/day)
11 Industrial kitchen
12 Workers' changing rooms and refectories (2 floors)
13 Great living area, with the great fireplace and reflecting pool
14 Leisure library
15 Building for great exhibitions
16 Administrative offices (2 floors)

Unter vielen bedeutenden Aktivitäten sind aus dieser Phase insbesondere zwei Projekte hervorzuheben: das Projekt SESC-Pompéia in São Paulo (1977/82) und die Sanierung eines Teils der Altstadt von Salvador im Nordosten Brasiliens (1987).

Das Projekt SESC-Pompéia [Abb. 60–62] bestand aus der Sanierung und Erweiterung eines ehemaligen Fabrikgebäudes im Stadtteil Pompéia, einem Arbeiterviertel São Paulos. In ihrer Entwurfskonzeption zur Planung eines Kultur- und Sportzentrums war Lina Bo Bardi bestrebt, Eingriffe in die Bausubstanz der alten Fabrik zu vermeiden. Die bestehende Dachhaut sowie die Metallstruktur wurden restauriert und in die neue Raumgestaltung integriert.

Die aus Backstein gebauten Fabrikhallen beherbergen Räume für soziale und pädagogische Aktivitäten, wie z.B. ein Restaurant, Ausstellungsräume, ein Theater, eine Bibliothek und diverse Ateliers.

Abb. 60:
Grundriss des SESC-Pompéia in São Paulo

SESC-Pompéia – Kultur- und Sportzentrum in ehemaligem Fabrikgebäude

Abb. 61:
Aufenthaltsbereich im SESC-Pompéia mit Bach

Die Elemente Wasser und Feuer

Um die Bibliothek wurde eine große Fläche als Aufenthaltsbereich vorgesehen. Die Architektin verlieh diesem Raum einen ganz besonderen Charakter durch die Verwendung zweier einfacher Elemente, einem Bach und einem Kamin, die die Elemente Wasser und Feuer symbolisieren.

Der Bach [Abb. 61] verläuft schlangenförmig durch den Raum und verändert die gesamte Wirkung der trockenen Industriearchitektur. Die Atmosphäre lädt zum Ausruhen ein.

Inspiration durch Festungsarchitektur

Auf dem Gelände war die Nutzung der freien Flächen baurechtlich bedingt auf zwei kleine Teile des Grundstückes reduziert. Um dieses Problem zu lösen, ließ sich Lina Bo Bardi von der Architektur kolonialer Festungen inspirieren, von der sie fasziniert war.

Sie entwarf eine vertikale Gebäudegruppe, die sie als »Türme« bezeichnete [Abb. 62]. Die Verbindung zwischen diesen aus Beton gebauten Hochhäusern entsteht durch Laubengänge, die wie Brücken im Freien verlaufen. Dort befinden sich sportliche Einrichtungen und ein Wasserreservoir. Jede der vier Etagen beherbergte eine Sporthalle, im Erdgeschoss wurde ein riesiges Schwimmbecken untergebracht. Im hinteren Teil des Grundstückes ließ Bo Bardi ein Deck als Sonnenplatz anlegen.

Architekturkritiker wie Eduardo Subirats charakterisierten den Komplex als neoexpressionistisch, wofür die Behandlung

Abb. 62:
Türme des SESC-Pompéia vom »Sonnendeck« aus gesehen.

der Materialien, aber auch Details wie die außergewöhnlichen Formen der Wandöffnungen sprechen.[4]

Als weiteres wichtiges Projekt der letzten Phase ist die Sanierung von Häusern in der Ladeira da Misericórdia, einer Straße im alten Zentrum von Salvador, hervorzuheben.

Um schwierige statische und bauphysikalische Probleme von Altbauten zu lösen, nutzte Lina Bo Bardi vorgefertigte Bauelemente. Dadurch konnte die Architektin die Strukturen der Häuser wieder stabilisieren und das Straßenbild ergänzen. Alle Bauphasen und Spuren der Zeit wollte sie sichtbar lassen, die Interventionen der Moderne eingeschlossen. Das

Sanierung in Salvador
1987

Abb. 63:
Coaty Restaurant

Miteinander von Alt und Neu, Objekt und Natur

Sonderstellung innerhalb der brasilianischen Architektur der Moderne.

Neue und das Alte sollten miteinander leben, ein Denkansatz, der auch ihren Umgang mit der Natur bestimmte und anhand des Coaty Restaurants anschaulich wird, in dessen Innenraum mit Veranstaltungsbühne ein Mangobaum integriert wurde [Abb. 63].

Lina Bo Bardi nahm eine Sonderstellung innerhalb der brasilianischen Architektur ein. Von Anfang an ging sie eigene Wege und zog konsequent eine Linie, die von den europäischen architekturtheoretischen Maximen bis hin zu den sozialen Kontrasten und der ästhetischen Expressivität ihrer neuen Heimat reichte.

Für ihre Ansätze und Bauten erhielt sie nicht immer Lob, sondern wurde auch stark kritisiert. Ihre bis ins Detail gehende strenge Kontrolle bei der Ausführung ihrer Projekte interpretierte man oft als autoritär. Sogar die Speisekarte des Restaurants des SESC-Pompéia wurde von ihr bestimmt: Am Tag der Eröffnung stellte sie das Menü zusammen und schrieb selbst die Karte.

Einige Kritiker sehen als Schwachpunkt in ihren Bauten beispielsweise Stellen, die ohne Geländer geblieben sind, Wege ohne Abdeckungen oder unbequeme Steigungsverhältnisse bei Treppen. Einer der häufigsten Kritikpunkte ist deshalb das »Gefährliche« in ihren Bauten. Bo Bardi war jedoch der Auffassung, dass die »Architektur oft in einem Verhältnis zwischen Anziehung und Abstand zu den Menschen steht, damit sie auf ihren Alltag aufmerksam werden«.[5]

»Gefährliche Bauten«

Im Gegensatz zu anderen ArchitekturtheoretikerInnen beruht Lina Bo Bardis architektonisches Konzept nicht auf einem geschlossenen Denkmodell. Ihre Entwurfsideen basieren nicht auf intellektuellen Konstrukten, die sich in pragmatischen Situationen als standardisierte Lösungen wiederholen. Statt dessen geht sie von umfassenden Erlebnissen aus, die sie als Grundkonzeptionen nutzt und die ihr jede weitere Verarbeitung, jede neue Überlegung ermöglichen, ohne den Bezug zur Ausgangssituation zu verlieren.[6]

Diese Denkweise erklärt einige fundamentale Qualitäten ihrer Arbeit wie z.B. die Flexibilität ihrer Raumvorstellungen – eine Flexibilität, die sie möglicherweise aus ihrer Erfahrung mit der Bühnenbildnerei auf die Architektur übertragen hat. Lina Bo Bardis Architektur zeichnet sich durch eine Dynamik ihrer Entwürfe aus, wie sie bei den ArchitektInnen der Moderne sehr selten zu finden ist.

Flexibilität und Dynamik

Dasselbe gilt für die starke Betonung der sozialen Aspekte ihrer Architektur im Sinne einer Verbesserung der Lebensqualität, die insbesondere in ihren letzten Projekten zum Ausdruck kommt.

Betonung der sozialen Aspekte

Das Projekt SESC-Pompéia erläutert diese Gedanken der Architektin am besten. Dort wirkte sie als Regisseurin des architektonischen Geschehens. Räume wurden neu definiert und einander völlig fremde Baukörper wurden miteinander in Beziehung gesetzt und aneinander gebunden. Der Komplex wird nur verstanden, indem er benutzt wird. Dadurch entstehen ästhetische Verhältnisse zwischen Elementen, die für sich allein als hart, leer oder, wie sie selbst sagte, in ihrer Schlichtheit sogar als »unschön« gelten. Diese Bauten wurden nicht konzipiert, um bewundert, sondern um benutzt und vor allem »belebt« zu werden.

Nutzung des Baus als Grundlage für das Verständnis

In ihrem »Literarischen Lebenslauf« beschreibt Lina Bo Bardi ihre ersten Besuche am Standort des SESC-Pompéia, bevor sie mit der Planung anfing. Sie erzählt von Straßenszenen am Wochenende, Familien aus der Nachbarschaft, die sich versammelten und den Tag miteinander verbrachten, während die Kinder auf der Straße Fußball spielten. Diese Atmosphäre wollte Lina Bo Bardi in ihre Kultur- und Sportstätte transportieren.

Wer heute das Kultur- und Sportzentrum besucht, stellt fest, dass sich ihr Wunsch verwirklicht hat. Die Stimmung der NutzerInnen hat sich nicht geändert, auch wenn die Straßen der Umgebung schon lange nicht mehr die einzige Möglichkeit zur Freizeitbeschäftigung der AnwohnerInnen darstellen.

Mit SESC-Pompéia entstand für sie ein Ort in einer würdigen Form.

Gae Aulenti:
Zeit als Materie der Architektur

»*Eine der schwierigsten Aufgaben eines Planers ist es, die Grenzen seines Entwurfes zu erkennen.*«

Die Arbeiten Gae Aulentis thematisieren Gegensätze. Kraftvolle, scheinbar für die Ewigkeit konstruierte architektonische Formen entstanden ohne Phasenbruch neben feinen, zerbrechlichen Designstücken.

So abwechslungsreich wie ihre Arbeiten sind auch die Erinnerungen an ihre Kindheit und Jugend in Norditalien: Jedes Jahr ließ Gaetana Aulenti die Gebirge ihrer Heimat hinter sich, um die Sommermonate am grünblauen Wasser der kalabrischen Küste zu verbringen. Einige Jahre später verließ sie das konservative bürgerliche Elternhaus in Piemont und wurde in der politischen Studentenbewegung Mailands aktiv.

Kontrastvolle Landschaftserfahrungen in der Kindheit

Einerseits zeigte Aulenti einen offenen und flexiblen Umgang mit ihren Arbeitsschwerpunkten, was sich in vielseitigen Tätigkeitsfeldern von Inneneinrichtungen über Bühnenbilder bis zu Museumsumbauten äußert. Andererseits wirken diese Werke einheitlich in ihren formalen Eigenschaften wie z.B. der ihnen eigenen klaren Geometrie. Die thematische Vielfalt steht im Kontrast zu einem starken Ordnungssinn, den das Werk Aulentis durch seine interne formale Organisation vermittelt.

Vielseitigkeit der Arbeitsschwerpunkte

Präsent ist in Aulentis Werk zudem die Dualität zwischen Vergangenheit und Gegenwart. Neben ihrem in der Formensprache revolutionären Design entwirft sie Bühnenbildkonzeptionen, die den barocken Raum inszenieren. In ihrer Architektur lässt sich Aulentis sensibler und zugleich rationaler Umgang mit dem Begriff der Zeit spüren, indem sie deutliche Grenzen zwischen dem historischen Bestand und dem gegenwärtigen Zeitgeist setzt.

Dualität zwischen Vergangenheit und Gegenwart

Die Beherrschung solch spannender Gegensätze machten Gae Aulenti zu einer der erfolgreichsten Architektinnen der Gegenwart.

Gaetana Aulenti wurde 1927 in Palazollo dell Stella in Norditalien geboren. Sie wuchs zusammen mit ihrer Schwester in

Zur Biografie

137

streng geordneten, konservativen bürgerlichen Verhältnissen auf. In den Sommerferien jedoch erlebte sie bei den Großeltern in Kalabrien stets das freie Leben in der Natur, die Jagd und den Alltag auf dem Land.

Während des Zweiten Weltkrieges wurde Gae Aulenti zum ersten Mal mit der Übermacht politischer Kräfte konfrontiert. Italien unterwarf sich dem Faschismus Mussolinis. In der kleinen Stadt lebten jüdische Familien, mit deren Töchtern Aulenti eng befreundet war. Schockiert erlebte sie, wie eine ihrer Freundinnen nach Auschwitz deportiert wurde.[1]

Architekturstudium und politisches Engagement in Mailand

Nach dem Krieg ging Gae Aulenti nach Florenz, um ein Kunststudium aufzunehmen. Ein Jahr später zog sie nach Mailand und begann ein Architekturstudium am Instituto Politecnico, wo sie 1954 promovierte. Sie engagierte sich in politischen Aktionen und Diskussionen der Studentenbewegung. In Mailand entwickelte sich damals eine Kunstszene, die die Rezeption moderner italienischer Kunst im Ausland in den folgenden Jahren stark beeinflussen sollte. Durch den Kontakt zu KünstlerInnen und Intellektuellen kam Aulenti mit jungen ArchitektInnen zusammen, die sich mit der Krise der Moderne auseinandersetzten. Zu der Gruppe um den Architekten und Theoretiker Ernesto Rogers, der in den 50er Jahren Chefredakteur der Architekturzeitschrift »Casabella-Continuità« war, gehörten auch dessen Assistenten Vittorio Gregotti und Aldo Rossi, deren Namen später international bekannt wurden.

Zum Werk

Wegweisende Gestaltung

Gae Aulenti begann 1955 ihre Arbeit bei der Redaktion von »Casabella-Continuità«, wo sie bis 1965 blieb. Sie übernahm die grafische Gestaltung der Zeitschrift. Die Architektin erstellte für die Publikation ein junges, dynamisches Layout und eröffnete damit eine neue Phase für die gestalterische Sprache von Architekturveröffentlichungen. Ihr konzeptuelles Design sollte jahrzehntelang Vorbildfunktion haben.

1956 Gründung eines eigenen Architekturbüros

1956 gründete Aulenti in Mailand ein eigenes Architekturbüro, und entwarf vorwiegend Einfamilienhäuser, die durch klare Formen und Ausgewogenheit der Materialien gekennzeichnet waren, wie z.B. ein Haus in San Siro bei Mailand [Abb. 64], das einen Pferdestall im Erdgeschoss, Wohnräume im Obergeschoss und darüber einen Heuboden beherbergte.

Seit Ende der 50er Jahre widmete sich Aulenti zunehmend dem Industriedesign und der Inneneinrichtung. Zugleich war

sie als Dozentin tätig: Von 1960 bis 1962 arbeitete sie als Assistentin am Hochschulinstitut der Universität Venedig, zwei Jahre später zusammen mit Ernesto Rogers an der Fakultät für Architektur der Universität von Mailand.

Abb. 64: Haus mit Stall in San Siro

In den 60er Jahren entwarf Aulenti einige ihrer bekanntesten Designarbeiten, wie beispielsweise 1965 die Tischlampe Pipistrello [Abb. 65], die unter dem Einfluss der Popkultur der frühen 60er Jahre entstanden zu sein scheint. Der Lampenfuß verleiht dem Ganzen allerdings eine beinahe klassische Proportion, die den Gegenstand zu einem zeitlosen Element einer jeden Inneneinrichtung macht.

Entwurf der Tischlampe Pipistrello

Als Innenarchitektin machte sich Gae Aulenti einen Ruf, der sie weiterhin zu einer kontinuierlichen Auseinandersetzung mit dem Thema »Innenraum« antrieb und ihr die Teilnahme an bedeutenden Fachausstellungen ermöglichte. So wirkte sie beispielsweise als Innenraumgestalterin mehrmals an der Ausstellungskonzeption für die Mailänder Triennale, einer berühmten Fachmesse für Design, mit. Schon 1960 beteiligte sie sich an der Planung der Außenanlage und der Eingangshalle der Triennale.

Ausstellungsgestaltung Mailänder Triennale

Pavillon 1964

Ihr Konzept für den italienischen Pavillon der XIII. Mailänder Triennale 1964 wurde ein großer Erfolg.[2] Hier stellte sie das Thema »Freizeit« dar, indem sie den Raum in eine Art Strandpromenade verwandelte. Sie stellte Paneele in Form von weiblichen Figuren auf, die an Picassos Frauengestalten erinnerten. Die Wände im Hintergrund waren mit Meeresküstenmotiven bemalt, die Seitenwände mit Spiegeln verkleidet. Eine Steigung mit breiten Stufen betonte die Perspektive und verlieh dem Raum den Eindruck von Dynamik. Diese szenographische Konzeption sorgte für Furore, Aulenti wurde dafür mit einem Preis ausgezeichnet.

Showroom-Konzeption für Olivetti

Die Anerkennung für ihre Arbeit auf dem Gebiet des Ausstellungsraums wuchs weltweit, als Aulenti mehrere Aufträge für die Niederlassungen der Firma Olivetti im Ausland erhielt. Statt einer einheitlichen »Showroom«-Konzeption entwarf Aulenti für jede Geschäftsstelle ein individuelles Konzept. Diese Raumkonzeptionen sollten dem Unternehmen ein einheitliches Geschäftsimage gewährleisten, das auf moderner, effizienter Technologie für Schreibgeräte basiert, zum anderen aber zugleich auf die Eigenheiten der jeweiligen Länder einzugehen. Gae Aulenti zufolge entstammte ihre Grundidee dem Begriff der »Piazza«, des italienischen Platzes, als öffentlichem Raum. So verwendete sie typische formale Elemente italienischer Plätze, wie verschiedene Niveauunterschiede und eine Einbindung in die Landschaft, und stellte die Geschäfte als Techniklandschaften dar. Zwei zentrale Elemente der Arbeit Aulentis traten dabei besonders hervor: die Verwendung von Lichteffekten und Treppen.

Techniklandschaften, inspiriert durch die italienische Piazza

Mit diesem Vokabular schuf sie für Olivetti Geschäftsräume in Paris und Buenos Aires, zwei Projekte, die jeweils dieselbe Funktion haben sollten – die Präsenz des Konzerns in diesen Metropolen zu verdeutlichen, zugleich jedoch durch individuelle Bezüge zu den Orten gekennzeichnet zu sein. Das Pariser Geschäft [Abb. 65] ähnelt einem exklusiven Modegeschäft, ist minimalistisch und zeichnet sich durch weiche Konturen und neutrale Farben aus, während in Buenos Aires die Farb- und Lichtkontraste eine dramatische, explosive Raumempfindung vermittelten.

Ausstellungsräume für Fiat

Auch für die Firma Fiat entwickelte Aulenti 1969/70 Ausstellungsräume für Geschäftsstellen in Brüssel und Zürich. Bei der

Abb. 65:
Showroom der Firma Olivetti in Paris mit zwei Pipistrello-Lampen im Hintergrund

innovativen Innenraumkonzeption der Zürcher Filiale präsentierte sie die Ausstellungsstücke so, dass deren Qualitäten wie Dynamik und Mobilität hervorstechen sollten. Dafür bediente sie sich einer gewagten Formensprache, indem sie die verschiedenen Modelle auf einer reflektierenden Ebene platzierte, die durch ihre Neigung einer Formel-I-Rennbahn ähnelte. Dieses Konzept Aulentis war so erfolgreich, dass es im Anschluss daran weltweit als Grundlage für die Gestaltung weiterer Verkaufsstellen diente.³

Ausstellungsstücke auf reflektierenden Ebenen

1972 organisierte das Museum of Modern Art in New York die Ausstellung »Italy: the New Domestic Landscape«, bei der Gae Aulenti, die sich zu dieser Zeit durch ihre Designarbeiten international bereits einen Namen gemacht hatte, eine der Protagonistinnen war. Die Ausstellung etablierte das italienische Design als Inbegriff des zeitgenössischen Industriedesigns – eine Position, die die industrielle Produktion Italens mit VertreterInnen wie Ettore Sottsass u.a. bis heute

Museum of Modern Art New York

innehat. Als Designerin wurde Aulenti daraufhin von zahlreichen Institutionen eingeladen und hielt weltweit Vorträge.

Städtebau

Neben der intensiven Beschäftigung mit dem Innenraum und dem Design widmete sich Aulenti weiterhin der Architektur und dem Städtebau. Sie baute mehrere Einfamilienhäuser und beteiligte sich an städtebaulichen Wettbewerben wie z.B. für einen Ferienkomplex in Tonale (1961), einem Verwaltungszentrum in Perugia (1971) oder einer Wohnsiedlung in Mailand (1973), konnte jedoch keinen ihrer Entwürfe verwirklichen.

1979 wurde sie von der Zeitschrift »Modo«[4] nach dem Projekt gefragt, das sie am meisten schätzte. Sie verweigerte die Antwort; Erfolg nur in einer bestimmten Richtung wie der des Designs würde ihre kreative Entfaltung behindern. Sie beklagte sich über die allgemeine Tendenz zur Spezialisierung in einem Beruf, welcher sich mit komplexen Fragen des menschlichen Daseins beschäftigt, sich also allen Facetten der Architektur gleichermaßen widmen sollte.

Stadt als Raum für menschlichen Austausch

Wie bei vielen ArchitektInnen ihres Ranges galt auch Aulentis Hauptinteresse der Stadt in ihrer Bedeutung als »Polis«, als öffentlichem Raum, in dem der menschliche Austausch stattfindet. Sie sprach über ihre Enttäuschung darüber, dass frühere Großprojekte nicht hätten realisiert werden können und fragte sich, ob ihre Karriere nicht eine andere Richtung genommen hätte, wenn sie ihre städtebaulichen Projekte hätte verwirklichen können.

Neue Herausforderung: Bühnenbild

Mitte der 70er Jahre gab es eine neue Herausforderung für Aulenti: Sie entdeckte den Bereich Bühnenbild. Nach einer Begegnung mit dem Regisseur Luca Ronconi entwarf Aulenti ab 1974 das Bühnenbild für einige seiner Theaterproduktionen. Ronconi war ein Vertreter des experimentellen Theaters und gründete ein Projekt, das »Laboratorio di Progettazione Teatrale di Prato«, um neue Konzeptionen für die theatralische Raumerfahrung zu entwickeln. Gae Aulenti nahm von 1976 bis 1978 an diesem Projekt teil und arbeitete zum Thema »Theater und Raum« und dessen symbolischer Repräsentation.

Die Möglichkeit, abstrakt mit dem Raum als Ort der Kommunikation und des Gedächtnisses umzugehen, nutzte

Abb. 66:
Gae Aulenti

Aulenti, um ihre Gedanken über das Verhältnis zwischen Raum und Zeit zu vertiefen. Im Theater, so Aulenti, sei das »Verhältnis zwischen Raum und Zeit als primär zu erfahren: der theatralische Raum wird durch die Zeit der Inszenierung definiert«.[5] Diese Erlebnis unterscheidet sich von dem des architektonischen Raumes, der Stadt, bei dem die Zeit subjektiv wahrgenommen wird.

Raum und Zeit

Aus der Zusammenarbeit von Gae Aulenti mit Ronconi und seiner Gruppe resultierte eine Steigerung des ästhetischen Niveaus der Produktionen durch das Bühnenbild, das sogar konzeptionell die dramatische Sprache beeinflusste. Das Bühnenbild fungierte nicht mehr als dekorativer Hintergrund, son-

Bühnenbild als Handlungsmittelpunkt

»Der Turm«

dern wurde zum zentralen Mittel der gesamten Erzählung, zu einer Art »räumlichen Hülle«, einem Filter des Spektakels, erhoben.

Für die Inszenierung des Theaterstücks »Der Turm« von Hugo von Hofmannsthal, die von KritikerInnen immer wieder gelobt wurde[6], reproduzierte Aulenti einen der Säle der Würzburger Residenz. Dabei wählte sie eine Perspektive, die die Wahrnehmung dieses Raumes aus der zu ihm führenden Treppenanlage wiedergibt. Sie vermittelte den ZuschauerInnen ein Gefühl von Ambiguität zwischen sensorischer Wahrnehmung und Fiktion.

Nach der Erfahrung in Prato arbeitete Aulenti weiter mit Ronconi und auch mit anderen Regisseuren und Operndirigenten zusammen, wie z.B. Claudio Abbado bei der Produktion von Rossinis »Die Reise nach Reims« und bekam zahlreiche weitere Aufträge für Bühnenbildkonzepte – einer Tätigkeit, die oft als bedeutendster Bestandteil ihrer Karriere gesehen und bereits 1979 in einer Ausstellung von Aulentis Gesamtwerk in Bühnenbild, Design und Innenraumgestaltung gewürdigt wurde.[7]

Wettbewerb zum Umbau der Pariser Gare d'Orsay

Der Ruhm der Architektin als Innenraumgestalterin war im wesentlichen für ihre Karriere zu Beginn der 80er Jahre verantwortlich. Zu dieser Zeit rief die Regierung Frankreichs im eingeschränkten Verfahren zu einem wichtigen Wettbewerb auf: zum Umbau der Gare d'Orsay in Paris zum Kunstmuseum.

Die wechselhafte Vorgeschichte des Musée d'Orsay geht bis zum 18. Jahrhundert zurück, als der Richter d'Orsay neben dem heutigem Areal einen Kai bauen ließ. 1838 entstand auf dem Grundstück ein Regierungsgebäude, Palais d'Orsay genannt. Dieses wurde während der Unruhen der Pariser Commune zerstört. Bei der Vorbereitung zur Weltausstellung im Jahr 1900 wurde an dem privilegierten Standort nahe der Seine und gegenüber dem Louvre ein Bahnhof mit einer Hotelfront gebaut.

Ab 1939 eignete sich der Bahnhof für die modernen Langstreckenzüge nicht mehr und diente als Halle für verschiedene Anlässe – von politischen Versammlungen bis hin zur Filmkulisse. 1971 stand der Bau vor dem Abriss und wurde nur durch ein Politikum gerettet: Die Öffentlichkeit setzte sich für den Erhalt des historischen Industriebaus ein, der 1973 unter Denkmalschutz gestellt wurde. Anschließend wur-

Abb. 67:
Musée d'Orsay, Paris

de er als zukünftiger Ort für das Museum des 19. Jahrhunderts ausgewählt. Dessen Sammlung sollte zwischen 1848 und 1914 entstandene Werke aus verschiedenen Museen, dem Louvre, dem Jeu de Paume und dem Palais du Luxembourg, vereinen.

Den Architekturwettbewerb für die Realisierung des Projekts gewann das Büro ACT (Bardon, Colboc und Philippon), das den Haupteingang vom Kai zur Seitenstraße verlegte und ein Konzept der Museumsstraße mit beidseitig davon abgehenden Ausstellungsräumen vorsah.

1980 wurde Gae Aulenti für den Entwurf von Innenarchitektur, Beleuchtung und Ausstattung des Museums ausgewählt.[8] Ihr Konzept forderte den Erhalt des historischen Bahnhofsgebäudes in seiner Struktur und Typologie, vertrat jedoch die Position, die neuen Elemente unabhängig von den alten einzusetzen und nicht etwa – wie es der innenarchitektonische Entwurf des mit dem Projekt betrauten Büros ACT ursprünglich vorsah – auf Elemente des Art-Déco und der Jahrhun-

Entwurf der Innenarchitektur

Moderne Innengestaltung in historischer Hülle

dertwende zurückzugreifen. Der historische Ort wurde als eine Art Hülle verwendet, in die eine neue Raumordnung eingefügt wurde, wobei das museologische Konzept einer Trennung nach Schulen und Stilrichtungen berücksichtigt wurde.

Sieben Jahre lang arbeitete Aulenti an dem Projekt – von der Raumaufteilung über die Wandverkleidung einschließlich Möblierung und Beleuchtung stammen alle Entwürfe von ihr. Die Farben Beige und Braun heben die neuen Elemente von der alten, grünfarbenen Metallstruktur ab. Um trotz stark unterschiedlicher Gebäudeelemente einen Eindruck von Einheitlichkeit zu erzielen, gestaltete sie Wände und Boden der neuen Räume aus hellem Granit.

Mit der Erschließung des Raumes werden die Bedürfnisse der BesucherInnen wahrgenommen. Die Ausstellungsflächen sind so gestaltet, dass sie sich gegenseitig nicht blockieren, sondern wie eine Promenade einen fließenden Personenverkehr ermöglichen. Von der Glasüberdachung des alten Bahnhofs fällt natürliches Licht mittels Deckenöffnungen in die sich über drei Geschosse (Erdgeschoss, Obergeschoss, Galerie) erstreckenden Ausstellungsräume.

Natürliches Licht durch Deckenöffnungen

Den Lichtverhältnissen entsprechend werden die Skulpturen auf der Terrassenebene präsentiert, während die Gemälde in den seitlichen Galerien ausgestellt sind.

Museum für moderne Kunst in Paris

Parallel zum Musée d'Orsay führte Gae Aulenti zwischen 1982 und 1985 in Paris ein weiteres Projekt aus, die Gestaltung des Musée National d'Art moderne im Centre Pompidou.

Die Kunstwerke wurden dort nicht chronologisch oder nach Kunstrichtungen dargestellt, sondern nach deren ästhetischen Eigenschaften und ihrer Ausdruckskraft, was den BesucherInnen eine besondere Aufmerksamkeit abverlangt.

Bei der Gestaltung des Nationalen Museums für Moderne Kunst im Centre Pompidou schuf Aulenti eine ruhige Atmosphäre, in der die BesucherInnen vom turbulenten Stadtleben abschalten können. Durch die Transparenz der Außenwände und die längsgezogenen Achsen bleibt der Kontakt zum Außenraum und zur Struktur des Komplexes erhalten.

Palazzo Grassi in Venedig

Von 1985 bis 1986 realisierte Aulenti die Sanierung des Palazzo Grassi in Venedig, des letzten Renaissancepalastes am Canale Grande, der temporären Ausstellungen dient.

Abb. 68:
Bahnhof Santa Maria
Novella, Florenz

Die Sanierung und Instandsetzung des Palazzo Grassi privilegierte die historische Bausubstanz als Hauptstruktur des Museums. Die museumstechnischen Anforderungen sollten durch neu eingebaute Elementen erfüllt werden, um Eingriffe in die Bausubstanz zu vermeiden. Dadurch entstand eine klare Trennung zwischen der alten und der neuen Struktur. Diese plante Gae Aulenti in Form eines leichten Trennwandsystems aus Gips, das vom Altbau umhüllt wird. Die Leichtwände, die am Mauerwerk befestigt sind, haben weder zum Boden noch zu den wertvollen kassettierten Holzdecken des Palazzos Kontakt und scheinen im Raum zu schweben. In den Wänden wurden die efoderlichen technischen Installationsleitungen und Beleuchtungselemente integriert.

Schwebende Vorwandkonstruktionen

Bahnhof Santa Maria Novella in Florenz

Mit diesen Arbeiten erreichte Aulenti internationales Renommee, und sie wurde beauftragt, komplexe Aufgaben sowohl in der Sanierung als auch im Neubau durchzuführen. Unter diesen Projekten befinden sich die neue Außenanlage und der Eingangsbereich des Hauptbahnhofes Santa Maria Novella in Florenz aus dem Jahre 1990, das Gebäude des Italienischen Pavillons auf der EXPO '92 im spanischen Sevilla und die Sanierung des Regierungspalastes der Republik von San Marino.

Im Projekt für den Bahnhof Santa Maria Novella [Abb. 68] sind Elemente früherer Werke wie z.B. des Einfamilienhauses mit Stall in San Siro zu erkennen. Beide Projekte zeigen die kombinierte Verwendung von Ziegelsteinen und Beton.

Nutzung der ehemaligen Italienische Botschaft in Berlin

1987 wurde ein Wettbewerb für eine Nutzung der ehemaligen italienischen Botschaft in (West-)Berlin durch die Akadamie der Wissenschaften ausgeschrieben. Preisträgerin war Gae Aulenti zusammen mit internationalen PartnerInnen. Zur Realisierung kam ihr Entwurf nicht, was dahingehend interpretiert wurde, dass der Entwurf Aulentis den strengen Kriterien des Berliner Landeskonservators nicht entsprach.

1997 erhielt Aulenti den ersten Preis für den Wettbewerb um die Sanierung des Theaters »La Fenice«, in Venedig, dessen Bausubstanz bei einem schweren Brand stark zerstört wurde. Der Auftrag wurde jedoch in einem kontroversen Prozess anderen Architekten übergeben.

Arbeiten der Gegenwart

Trotz des hohen Alters betreut Aulenti die komplexe Sanierung des Nationalen Katalanischen Kunstmuseums in Barcelona, dessen erster Bauabschnitt 1992 stattfand und das 2001 fertiggestellt werden soll. Das Museum ist im Palau Nacional de Monjuic untergebracht, welcher 1929 für die Veranstaltungen der Internationalen Ausstellung in Barcelona gebaut worden war und eine der größten Sammlungen romanischer und gotischer Kunst beherbergt. Neben anderen aktuellen Projekten der letzten Jahre betreut Aulenti das Neue Asiatische Kunstmuseum in San Francisco; für die Stadt Jerusalem plant sie die Erweiterung des Mount Zion Hotel.

Gae Aulenti hat mit der Entwicklung ihrer Karriere die Dichotomie zwischen Innen- und Außenraum aufgehoben, die für manche anerkannten Meister der Architektur ein Dilemma bleibt. Sie konnte in unterschiedlichen Entwurfssituationen eines Projekts beide Kategorien – Innen- und Außenraum – vereinbaren, ohne die Autonomie beider Seiten preiszugeben.

Die womöglich erste Stararchitektin des 20. Jahrhunderts konnte dem Medienrummel fernbleiben, die von ihr kreierten Objekte dagegen stehen im Rampenlicht – der »Tisch mit Rollen« (1980) zählt zu den populärsten Lösungen des Industriedesigns der 90er Jahre.

Ehrungen

Angesichts der offiziellen Ehrungen ist Aulenti eine der anerkanntesten Architektinnen unserer Zeit. Sie erwarb Titel und Preise, die bisher ihren männlichen Kollegen vorbehalten waren wie der »Premium Imperiale« für Architektur, ist Ehrenmitglied des Amerikanischen Architekten-Institut und trägt die Titel »Chevalier de la Legion d'Honneur« (Paris 1987) und »Cavaliere di Gran Croce della Repubblica Italiana« (Rom 1995).

Das hervorstechendste Merkmal in der Karriere Gae Aulentis ist ihre Vielseitigkeit, die sie in den Bereichen der Architektur und Innenarchitektur, des Möbel- und Industriedesigns gleichermaßen mit Präzision und Qualitätsbewusstsein ausübt.

Itsuko Hasegawa: Dialog zwischen Mensch und Natur

»*Die Architektur kann sich nur öffnen, wenn sie das menschliche Verhalten in den Entwurf miteinbezieht.*«

Wer den Begriff »Fruchtmuseum« hört, assoziiert Frische, Farbigkeit oder süßlichen Geschmack. In einem Gebäudekomplex, in dem es um Themen rund um die Obstproduktion geht, sind diese Assoziationen präsent. Die japanische Architektin Itsuko Hasegawa griff bei ihrer Konzeption eines Fruchtmuseums in Yamanashi am Fuße des Fuji auf die Formen von Samen und Früchten zurück und verlieh diesen ein transparentes Gerüst [Abb. 69].

Abstrakte Verbindung zur Natur

Hasegawas Architektur sucht durch Abstraktion Natur und Kultur zu verbinden, indem sie neue Bauformen und Raumkonzeptionen entwickelt, wie beispielsweise die drei aus dem Boden wachsenden kuppelförmigen »Gewächse« des Museumskomplexes, die durch ihre höchst ungewöhnliche Gestaltung beeindrucken.

Zur Biografie

Hanayo Itsuko Hasegawa wurde 1941 im japanischen Shizuoka geboren. Sie studierte Architektur an der Kanto Gakuin Universität (Yokohama) und machte dort 1962 ihr Diplom. Nach dem Studium arbeitete sie bis 1969 im Büro des Architekten Kiyonori Kikutake, war im Anschluss daran Forschungsstudentin und von 1971 bis 1978 Assistentin von Architekturprofessor Kazuo Shinohara. 1979 gründete sie ihr eigenes Architekturbüro in Tokio.

Hasegawa lehrte an namhaften Instituten wie der Waseda Universität (1988), dem Tokyo Institute of Technology (1989) oder der Tokio Denki Universität (1995) und war 1992 Gastdozentin an der Harvard University Graduate School of Design. Ihr Werk wurde mit zahlreichen Ehrungen und Preisen, unter anderem des »Architectural Institute of Japan for Design« und der »Building Constructors Society«, versehen.

Zum Werk

Itsuko Hasegawa begann ihre Karriere in einer Zeit, in der Wirtschaft und industrielles Wachstum Japans den Architek-

Abb. 69:
Fruchtmuseum in
Yamanashi

tInnen erst langsam ermöglichte, sich mit der architektonischen und städtebaulichen Zukunft des Landes auseinanderzusetzen.

Die japanische Stadtentwicklung wurde traditionell von der chinesischen und seit der Meiji-Reform Mitte des 19. Jahrhunderts mehr und mehr von der europäischen bzw. amerikanischen Baukultur geprägt.[1]

Anders als die allgemeine technologische Entwicklung wurde die Arbeit nach Prinzipien der modernen Architektur durch militärische und traditionelle politische Mächte verhindert – trotz der Versuche von Architekten wie beispielsweise Frank Lloyd Wright, der 1906 zum ersten Mal nach Japan reiste, oder Bruno Taut, der sich zwischen 1933 und 1936 in Japan aufhielt und sich intensiv mit der japanischen Baukunst auseinandersetzte.

Erst während des Wiederaufbaus nach dem Zweiten Weltkrieg wurden die städteplanerischen Richtlinien der Moderne angewandt, allerdings auf unkritische Weise und ohne Rücksicht auf die historische Entwicklung der japanischen Städte. Dies hatte die Zerstörung der ursprünglichen städtebaulichen Strukturen und eine enorme Verdichtung der Städte zur Folge.

Die japanische Stadtentwicklung

Die Struktur japanischer Städte

Die Struktur japanischer Städte unterscheidet sich wesentlich von der europäischer. Wie in China gab es in japanischen Städten kein Zentrum im europäischen Sinne. Der Kaiserpalast wurde zumeist an den nördlichen Stadtrand verlegt und als »Verbotene Stadt« für die Bevölkerung gesperrt. Die religiösen Stätten befanden sich außerhalb des städtebaulichen Netzes, meistens am Fuß eines Berges.

Die aus leichten Materialien gebauten Häuser wurden häufig zerstört und mussten wieder aufgebaut werden, was den Städten ständige Bewegung verlieh.

Die neue Generation und ihre Auseinandersetzung mit der Tradition

Dieses Phänomen prägte die Weiterentwicklung von Städten wie Tokio und stand mit einer rational orientierten modernen Stadtplanung im Konflikt. Dies stellte die neue Generation von ArchitektInnen fest, die seit den 60er Jahren versuchte, in den Städtebau zu intervenieren, um die Zerstörung ihrer historischen Struktur zu minimieren: Ziel war es, die alte Tradition nicht völlig zu ignorieren. Eine solche Position vertraten ArchitektInnen der Generation Hasegawas wie Tadao Ando oder Toyo Ito, die versuchten, sich von der vorgegebenen Stadtstruktur abzuschotten und mit ihren Bauten eine Welt für sich zu schaffen, die sich mit der traditionellen japanischen Architektur auseinandersetzten.

Orientierung am Wohncharakter der Bauernhäuser

In den ersten Jahren ihrer Arbeitspraxis beschäftigte sich Hasegawa mit dem Thema Einfamilienhaus. Entworfen wurden Häuser für junge Familien mit geringem Einkommen, wobei Hasegawa sich am Wohncharakter der Bauernhäuser[2] im Norden Japans orientierte, dessen Städteordnung und historische Substanz weitgehend intakt geblieben waren. Ihre Entwürfe für Wohnhäuser zeichneten sich durch klare Planungslinien aus, waren schlicht, aber mit filigraner Bearbeitung der Oberfläche. In der Ursprünglichkeit des »bäuerlichen Wohnens« suchte sie die Antwort auf ihren Wunsch nach einer Verbindung zwischen Mensch und Architektur, welche sie als »zweite Natur« definierte.

Das Konzept der Membran

An einem dieser Häuser, dem Haus 2 in Yaizu, wandte Itsuko Hasegawa das Konzept der »Membran« zum ersten Mal an. Als die beiden baulichen Ebenen definierte sie zum einen den Baurahmen, aus dem die Konstruktion entstand, zum anderen die umgebende Membran. Während der Entwurfsprozesse pflegte Hasegawa einen intensiven Kontakt mit den Bauherren und versuchte, die Bedürfnisse der BewohnerIn-

nen in die Projekte mit einzubeziehen – eine Arbeitsweise, die sie auch später beibehielt, als sich die Bauaufgaben komplexer gestalteten.

Ihre Wohnhausexperimente setzte Hasegawa in Arbeiten der 8oer Jahre fort. Bei den Häusern in Kuwabara, Matsuyama, oder dem N.C.-Haus in Nakano, Tokio entwickelte sie eine Struktur, in der die Raumfolge von einer Membran aus perforierten Metallpaneelen umhüllt wird. Damit reagierte sie auf das lebendige Stadtgewebe und verschaffte den BewohnerInnen einen ruhigen, in sich gekehrten Wohnbereich.

Im Haus in Nerima (Tokio 1986) verwendete sie verschiedene Elemente ihrer früheren Projekte, zeigte jedoch mehr Freiheit im Spiel mit den Formen [Abb. 70]. Die Dächer des Hauses weisen außergewöhnliche Kurven auf, die den geschwungenen Treppenverlauf betonen. Dieser offene Bereich ist lediglich durch perforierte Aluminiumscheiben von der Fassade

Abb. 70:
Haus in Nerima

Haus in Nerima

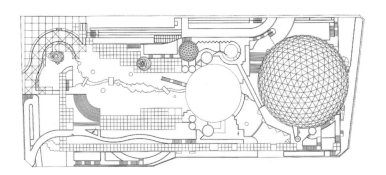

Abb. 71:
Grundriss des Shonandai Kulturzentrums

getrennt und fungiert als Atrium, auf das sich die Wandöffnungen hin orientieren. Dadurch erreicht Hasegawa gleichzeitig einen Effekt von Transparenz und Intimität.

Zu den Wohnbauten gehören auch Großprojekte wie die Cona Village in Amagasaki (1987/1990) oder die Namekawa-Häuser in Hitachi (1994/1997), die sie in Japan realisierte. Zudem entwarf Hasegawa in Kuala Lumpur im Rahmen eines umfangreichen Wohnprojektes verschiedene Hausprototypen, die schließlich seriell gebaut wurden.

Berücksichtigung der Umgebung

Jeder Entwurf von Itsuko Hasegawa berücksichtigt die Umgebung und reagiert mit einer spezifischen Raumordnung und unterschiedlichen Konzeptionen der Baukörper auf die entsprechenden Anforderungen. Hasegawa versucht nicht, vorgegebene Entwurfssituationen zu standardisieren.

Hauptanliegen aller Entwürfe ist es, die Wohnqualität zu verbessern. Aufgrund der hohen Quadratmeterpreise sind japanische Wohnungen in der Regel sehr klein und haben kein ausreichendes natürliches Licht. Hasegawa sieht hier jedoch nicht nur finanzielle, sondern auch architektonische Probleme. Sie vertritt die Auffassung, dass mit gleichen finanziellen Mitteln eine verbesserte Wohnqualität erzielt werden könnte.[3]

Bürohaus in Tomigaya

Wie bei den Wohnhäusern Hasegawas herrscht auch bei ihrem Bürohaus in Tomigaya von 1986 ein bewusst spielerischer Charakter vor. Dort wird eine Membran aus Aluminium mit einander ablösenden perforierten und glatten Wellenformen über die gesamte Fassade gezogen. Die Beweglichkeit dieser Struktur wird durch ein diagonal aus dem Dach herausragendes, an einen Kran erinnerndes Element abrupt

Abb. 72:
Shonandai Kulturzentrum

unterbrochen. In der Fassade spiegelt sich die Vitalität der sich ständig erweiternden Stadt.

Ab Mitte der 80er Jahre begann Hasegawa, institutionelle Bauten zu entwerfen. 1985 gewann sie den Wettbewerb für das Shonandai Kulturzentrum in der Kleinstadt Fujisawa. Dieses Kulturzentrum sollte einen kommunalen Charakter erhalten und mit einem Kinderpavillon, einem öffentlichen Raum für verschiedene Aktivitäten sowie mit einem Auditorium ausgestattet sein.

Hasegawa behandelte jeden Bereich wie eine separate Landschaft, plante das Projekt auf mehreren Grundebenen und gewann dadurch zusätzliche Fläche. In abgesenkten Bereichen entwarf Hasegawa Räume für Workshops und Aktivitäten sowie einen Kinderausstellungsraum. Für die Grundebene, die zentrale Piazza, entwickelte Hasegawa ein Formenvokabular, das der Vielfalt der Natur ähneln sollte. Sie verwendete dafür sowohl natürliche Bepflanzungen als auch stilisierte Elemente und stellte so z.B. neben »wirkliche« Bäume Gruppen von Metallstrukturen, die einem Wald nachempfunden waren; ein Bach verlief quer durch den Raum.

Institutionelle Bauten

Das zentrale Element der Gesamtkonstruktion ist das Auditorium, das sie in einer Kugel unterbrachte, deren Oberfläche wie ein Globus gestaltet ist. Das Ensemble verbindet Natur, Architektur und Stadt und bietet den NutzerInnen einen abwechslungsreichen Aufenthaltsort.

Durch diese Arbeit wurde Hasegawa auf nationaler und internationaler Ebene als neue Exponentin der japanischen Architekturszene gefeiert.

Das Konzept von Shonandai beeindruckte neue institutionelle AuftraggeberInnen, die in diesem Projekt eine mögliche Lösung für das Problem des Identitätsmangels kleinerer Städte gegenüber großen Zentren sahen.

Fruchtmuseum in Yamanashi

Die Verwaltung der nördlich des Fuji gelegenen Stadt Yamanashi schrieb daraufhin im Jahr 1992 einen Wettbewerb mit ähnlichem Ziel aus. Da die Stadt im Zentrum einer für die landwirtschaftliche Produktion Japans wichtigen Region mit zahlreichen Traubenplantagen liegt, wurde das Projekt eines »Fruchtmuseums« vorgesehen. Dieses sollte über die lokalen Produkte informieren und werben und den Gemeindemitgliedern zugleich Freizeitaktivitäten bieten.

Der Museumskomplex ist von bewaldeten Bergen umgeben. Die Räumlichkeiten sind in drei Gebäuden untergebracht: einer Ausstellungshalle, in der die Geschichte der lokalen Obstproduktion vermittelt wird, einem Gewächshaus sowie einem multifunktionalen Gebäude mit Restaurant und Räumlichkeiten für Workshops, Kochkurse und sonstige Aktivitäten.

Hinzu kommt ein Verwaltungshaus, das »wie ein leichtes, fallendes Blatt«[4] auf dem Gelände wirken sollte. Das Dach, hat eine geschwungene Form und wird von drei dünnen, an der Basis verbundenen Stützen getragen, wodurch es sehr leicht wirkt.

Symbole für die Stadien der Fruchtreife

Die Formen der einzelnen Gebäude symbolisieren die verschiedenen Stadien der Obstreife: vom Samen (Ausstellungshalle) bis zur fertigen Frucht (Workshopgebäude).

Die den Komplex auszeichnende verglaste Metallstruktur wurde mit Hilfe von Computerprogrammen entwickelt, die durch Rotationsbewegungen die idealen Volumen simulierten und deren Ergebnisse von dem ArchitektInnenteam weiter bearbeitet wurde.

Durch ihre präzise Filigrankonstruktion wirken die riesigen Strukturen leicht und schwerelos. Der Freiraum wird einbezo-

Abb. 73:
Workshopgebäude des Fruchtmuseums

gen und dient als städtebauliches Element, das die Bauten miteinander verbindet.

Die Integration des öffentlichen Raums ist im Entwurfsprogramm Hasegawas ebenso wichtig wie die Partizipation der NutzerInnen. Anders als die Mehrzahl der ArchitektInnen ihres Ranges sieht sie ihre öffentlichen Aufträge als kollektiven Arbeitsprozess.

Unter den vielen realisierten Projekten Hasegawas in den 90er Jahren sind neben Wohnbauten, Kliniken oder Kulturzentren auch Schulbauten und Sporthallen hervorzuheben. Auch hier folgt Hasegawa ihren Prinzipien.

Schulen und Sporthallen

Für die Busshoji Grundschule im japanischen Himi (1992/1994) konzipierte sie ein Gebäude, das sich in einen baumbepflanzten Hügel einfügt. Unter dem abgerundeten Dach mit großzügigen, an die Bauform angepassten Oberlichtern, den Sheds, sind die Klassenräume untergebracht, die durch undurchsichtige Glaspaneele vom Flur abgetrennt sind.

Die Universitätssporthalle in Hikone (1993/1995) setzt einen Akzent in der Landschaft. Der Komplex steht inmitten von Tennisplätzen und anderen Sportanlagen und besteht hauptsächlich aus einem Clubhaus und einer langgezogenen Sporthalle. Die leicht nach innen geneigte südliche Frontseite der Halle wurde ebenso wie die Seitenwände durchgehend verglast. Die nördliche Rückfront, an der sich die Zuschauerplätze der Sporthalle befinden, bildet eine Ellipse, die von einer

Universitätssporthalle in Hikone

Abb. 74:
Itsuko Hasegawa

Überdachung aus Metallscheiben bis zum Boden umhüllt wird, woraus sich eine halboffene Röhrenform, die an ein Insekt erinnert, mit Blick auf die Landschaft entwickelt.

Vor allem in den 90er Jahren wurden Itsuko Hasegawas Entwürfe in bedeutenden Wettbewerben ausgezeichnet: mit einer Juryempfehlung für ihren Entwurf des Opernhauses in Cardiff (1994), einer Auszeichnung für bereits realisierte Bauten für das Zentrum für Stressbehandlung des Shiranui-Krankenhauses, sowie erste Preise für die Entwürfe der Sumida Kulturfabrik 1990 in Tokio, das Shiogama Kindermuseum 1995 und das Niigata Zentrum für Darstellende Künste 1993.

Niigata Zentrum für Darstellende Künste

Beim Niigata Zentrum für Darstellende Künste handelt es sich um eine der innovativsten und komplexesten Arbeiten Hasegawas.

Das Projektgelände liegt direkt am Wasser, an der Mündung des Flusses Shinano in das Japanische Meer, wo sich zahlreiche kleine Inseln befinden. Im alten Japan waren solche Orte am Wasser freie Gebiete, sogenannte »Asyle«, wo die Gesetze der Städte keine Gültigkeit hatten und man sich zum Handeln, Feiern und zum Gedankenaustausch traf.

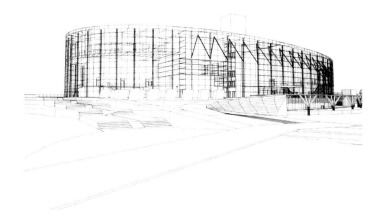

*Abb. 75:
Ansicht des Niigata Zentrums für Darstellende Künste*

Das Projekt verlangte wegen der speziellen technischen Anforderungen ein hohes Maß an Kreativität und gleichzeitig gute Kenntnisse der japanischen Geschichte wie der Theaterwissenschaft, da das Hauptgebäude des Komplexes Infrastruktur für kulturelle Veranstaltungen der unterschiedlichsten kulturellen Kontexte – auch für das traditionelle japanische Theater – bieten sollte.

Wie beim Fruchtmuseum die Form eines Samens der Ausgangspunkt für die architektonische Landschaft war, so diente beim Entwurf des Zentrums für Darstellende Kunst in Niigata das Wasser als Basis für die Entwurfspoetik: »Wasserkreise, die durch den Wind auf der Oberfläche entstehen, und andere ähnliche ›Wassermetaphern‹ sind Architekturmotive geworden«, erklärte Hasegawa.[5]

Wasser als Entwurfsbasis

Sie bezog sich hierbei auf die geographische Situation und die geschichtliche Entwicklung Japans. Das Wasser fließt von einem Berg auf das Festland und zeichnet einen Weg bis zum Meer, welches als Verbindung zum Archipel dient. Niigata war früher eine wichtige Hafenstadt, die viel Kontakt zu anderen Kulturen hatte.

Das Gelände des Niigata Komplexes wurde als Archipel betrachtet. Hasegawas Entwurf sah sieben »schwebende Inseln« vor, die durch eine in der Luft hängende Promenade erreichbar sein sollten.

Sieben schwebende Inseln

Mittelpunkt dieser architektonischen Landschaft ist das Gebäude der Darstellenden Künste, in dem sich ein Konzertsaal mit 1.900, ein Theater mit 900 und ein Raum für das traditionelle japanische Nô-Theater mit 375 Plätzen befinden.

Die schwebenden künstlichen Inseln überdecken die Parkplätze und fungieren als Garten.

Architektur als kollektiver Prozess

Hasegawa versteht Architektur als kollektiven Prozess, an dem sich alle Interessierten beteiligen. Während der Planung und Realisierung des Projekts wurden daher Umfragen, Workshops und Diskussionsabende mit der Gemeinde organisiert. Die Architektin unterstützte die Teilnahme von KünstlerInnen und dem zukünftigen Betreuungspersonal am Entscheidungsprozess.

Anders als die tendenziell autoritäre und prätentiöse Haltung mancher Star-KollegInnen versucht Hasegawa nicht, ihre Identität durch Bauten zu konstruieren. Ihre Identität als Architektin entsteht über verschiedene Ebenen von Assoziationen und Dissoziationen.

Stadt in Bewegung

Zur Verdeutlichung ihres kosmischen Verständnisses von Architektur benutzt Hasegawa häufig ein philosophisches Vokabular. Ihre Vorstellung der Stadt als »Process City«, als Stadt in Bewegung, ist auf das Bergsonsche Konzept der »Durée«/Dauer zurückzuführen.[6] In Hasegawas Perspektive ist Architektur Teil des ständigen Veränderungsprozesses der Umwelt.

Hasegawas komplexe Arrangements von Raum, Leere und technologischem Überfluss verbinden Gegensätze wie Natur und Architektur, Technologie und Tradition, politische Macht und bürgerliche Partizipation.

Zaha Hadid:
Architektur der Fragmente

»Wir brauchen eine neue Architektur, weil wir anders leben.«

In einem Interview mit Zaha Hadid über die Motivation ihrer Arbeiten und die charakteristische Darstellungsart ihrer Projekte taucht der islamische Teppich als Symbolbild auf. In ihrer Kindheit beobachtete die irakische Architektin, so erzählte sie dem Architekturkritiker Aaron Betsky[1], wie Weberinnen aus ihren Händen eine Unzahl von kleinen, sich wiederholenden Formen über das Gewebe verteilten.

Symbol des islamischen Teppichs

Das Bild prägt sich ein. Die Zeichnungen und Bilder, die Hadid zur Erläuterung ihrer Entwurfsideen fertigt, ähneln tatsächlich diesen traditionellen Kunstwerken, welche für eine Kultur des Erinnerns und des Fragmentarischen als Moment des Gedächtnisses stehen können.

Hadids Arbeit verfügt jedoch noch über eine weitere, tiefere Dimension: die des Raumes. In ihren Zeichnungen und Bildern verspannt sie Ebenen. Es sind Flächen, die wie Etagen eines Gebäudes, ein Stadtteil oder wie eine ganze Metropole aussehen könnten.

Dieses abstrakte architekturale Gewebe zieht Hadid über Meere und Ozeane, bis ihre Gebäude aus diesem Netz entstehen.

Zum ersten Mal in der Architekturgeschichte bekommt mit Zaha Hadid das Werk einer Frau sowohl in der Theorie als auch in der Praxis auf internationaler Ebene Aufmerksamkeit und Anerkennung in der Öffentlichkeit.

Zaha M. Hadid wurde 1950 in Bagdad geboren. Von 1972 bis 1977 studierte sie Architektur an der renommierten Londoner Architectural Association School (AA). Von 1977 bis 1978 arbeitete sie im Office for Metropolitan Architecture (OMA) als Partnerin von Rem Koolhaas, dem führenden niederländischen Architekten der Gegenwart, sowie von Elia Zenghelis. Von 1980 bis 1987 unterrichtete sie an der Architectural Association School und unterhielt neben der Lehrtätigkeit seit 1979 ihr eigenes Büro in London.

Zur Biografie

Eigenes Büro in London 1979

Seit dem Studienabschluss nahm sie an zahlreichen internationalen Wettbewerben teil und wurde mehrmals mit dem ersten Preis ausgezeichnet. Nicht alle diese Arbeiten kamen zur Ausführung. Erst Ende der 90er Jahre waren die Bauherren an der Realisierung von Hadids Wettbewerbsbeiträgen interessiert.

Ausstellungen der Planzeichnungen

Zaha Hadids grafische Darstellungen und Planzeichnungen wurden in namhaften Museen, wie beispielsweise dem Guggenheim Museum sowie dem Museum of Modern Art in New York oder der GA Gallery in Tokio ausgestellt und gehören zu den Dauerausstellungen wichtiger Institutionen wie des Deutschen Architektur Museums in Frankfurt am Main.

Hadid gelang in der Ära der Postmoderne eine neue Interpretation des architektonischen Phänomens und die Schöpfung einer eigenen Entwurfspoetik. Sie vollendete damit einen Versuch, der sich latent bereits im Werk anderer Architektinnen des 20. Jahrhunderts erahnen lässt, wie beispielsweise im experimentellen Charakter des Werks Lina Bo Bardis, das zu einer flexiblen wie auch expressiven Bauproduktion führte – oder in der theoretischen Auseinandersetzung mit dem Kanon der Moderne, die sich in den Entwürfen und Häusern von Eileen Gray spiegelt.

Beschäftigung mit Architekturtheorie

In zwei Punkten unterscheidet sich der Werdegang Hadids jedoch maßgeblich von denen ihrer Vorläuferinnen: Zaha Hadid beschäftigte sich zum einen von Anfang an mit Architekturtheorie, zum anderen begann sie ihre Karriere zu einer Zeit, in der das Ansehen der Architekten in der Gesellschaft einen Tiefpunkt erreicht hatte.

Seit dem Untergang des Klassizismus befand sich die Architektur durch das Aufkommen der Moderne in einer ihrer größten Krisen. Dies zeigte sich Anfang der 70er Jahre in Form von monotonen, klotzigen Betonkästen, die mit dem hohen Anspruch scheiterten, durch cartesianische Raster soziale Ordnung und Gerechtigkeit in die Welt zu bringen.

Die Utopien der Moderne schienen nicht aufzugehen. Durch graue, anonyme Wohnsiedlungen am Rande der Großstädte und durch die zunehmende Tendenz zur Entleerung der Stadtzentren wurde die urbane Identität in Frage gestellt.

Auf der Suche nach Lösungsvorschlägen versuchten einige ArchitektInnen, frühere Konzeptionen der klassischen Moder-

Abb. 76:
Zaha Hadid, Berlin
2000

ne neu zu interpretieren bzw. ihnen zu widersprechen, um dadurch eine neue Formensprache zu entwickeln.

Zaha Hadid wurde während ihrer Ausbildung als Architektin bei der Architectural Association nicht nur solides Fachwissen vermittelt, sondern auch Anregungen zu theoretischen Auseinandersetzungen. Lehrer wie der Architekt Rem Koolhaas garantierten die Anbindung an aktuelle Themen der Architekturdiskussion. Dass Hadid sehr früh in ihrem Berufsleben mit einer Lehrtätigkeit bei der Architectural Association begann, trug ebenfalls dazu bei, ihre Tendenz zur architektonischen Reflexion zu verstärken.

Da diese Umstände eine wichtige Voraussetzung zum besseren Verständnis der beruflichen Entwicklung Zaha Hadids sind, ein kurzer Einblick in die Architekturgeschichte der 8oer

Architekturgeschichte der 8oer Jahre

Architektur als Ort der Asymmetrie und der inszenierten Zerstörung

Jahre. Einer der fundamentalsten Unterschiede zum bisherigen Architekturverständnis besteht darin, dass das Prinzip der Geometrie als Ordnungsfaktor in Frage gestellt wurde. Die Architektur wird zum Ort der Asymmetrie und sogar der inszenierten Zerstörung. Die Ebene des »Sozialen« wird im Entwurfsprozess durchaus mitgedacht, doch galt die Architektur nicht mehr als utopische Konstruktion, die mit ihrem Mustercharakter zur Veränderung der Gesellschaft beitragen sollte, sondern als Mittel zur Verdeutlichung unsozialer, ja beinahe unmenschlicher Verhältnisse. Mit diesen Ansätzen wollten Architekten wie z.B. Daniel Libeskind oder das Planungsbüro Coop Himmelb(l)au in den städtebaulichen Raum intervenieren.

Dekonstruktivismus in der Architektur

Ähnlich wie die postmoderne Diskussion, die durch Philosophen wie François Lyotard und Jacques Derrida die Begriffe der Wahrheit oder der Totalität als »große Erzählung« abschafften,[2] führten die ArchitektInnen des Dekonstruktivismus fachliche Grundbegriffe wie Harmonie und Proportion, die seit der Antike bis zum Internationalen Stil in der Baugeschichte Gültigkeit hatten, ad absurdum. Dabei wurden klassische Entwurfsprinzipien und ihre Konstruktionslogik auseinander genommen und eine neue, flexiblere Ordnung konzipiert, welche die Elemente neu verknüpft. Nach diesen Entwurfskonzeptionen entstanden Bauten wie beispielsweise das Jüdische Museum von Daniel Libeskind in Berlin oder das Guggenheim Museum von Frank O. Gehry in Bilbao. Diese Gebäude widersprechen jedem klassischen Fassadenbild sowie dem Prinzip der Rechtwinkligkeit von Bauteilen wie Wänden oder Fußböden und sind dennoch funktionsfähig.

Dieser Bruch mit den Konventionen basiert auf einer tiefen Auseinandersetzung mit der Architekturtheorie und -geschichte, die bei jedem avantgardistischen Architekten unterschiedlich motiviert war.

Auseinandersetzung mit dem Suprematismus

Zaha Hadid entdeckte durch den kritischen analytischen Umgang mit avantgardistischen Künstlerbewegungen aus dem Beginn des letzten Jahrhunderts wie beispielsweise den Suprematisten[3] einen Ansatzpunkt für ihre Reflexion, welche sie zu einer eigenen Denkrichtung innerhalb der Architektur der Postmoderne führte. Das Resultat daraus ließ sich sowohl in ihren Entwurfskonzeptionen als auch in ihren innovativen

Darstellungstechniken nachvollziehen, die als Markenzeichen ihres individuellen Arbeitsprozesses gelten.

Es handelt sich insbesondere bei ihren ersten Entwürfen um sehr schlichte, fast abstrakte architektonische Zeichnungen, welche die Hauptelemente einer Gebäudestruktur andeuten. Die Zeichnungen wurden meist von Malerei begleitet, deren Inhalt im dreidimensionalen Bildcharakter die gesamte Vorstellung des Konzeptes unterstützte. Der Farbhintergrund der Zeichnungen war meistens dunkel, grau oder schwarz, gehalten. Diese Bilder sind eine eigenständige Repräsentation und dokumentieren die Entwicklung des architektonischen Denkens Hadids.

Abstrakte architektonische Zeichnungen

Aus dieser Perspektive heraus kann die Entstehung des Hadidschen Architekturverständnisses in seiner vollen Komplexität und in seinem originellen Charakter skizziert werden.

Wegen solch radikaler und überlegener Entwurfskonzeptionen und trotz ihrem Mangel an gebauten Werken bis zu diesem Zeitpunkt nahm Hadid 1988 an der New Yorker Ausstellung »Deconstructivist Architecture« als Vertreterin dieser neuen Richtung[4] teil. Mit der Ausstellung, die gleichzeitig einen Abschluss der ersten, stark theoretisch geprägten Phase ihrer Arbeit bildet, wurden die Überlegungen und Entwurfsideen Zaha Hadids zum anerkannten persönlichen Stil, mit dem sich die internationale Fachpresse seitdem zunehmend beschäftigt.

Ausstellung »Deconstructivist Architectue« in New York 1988

Im Laufe der Zeit wirkte Hadid als Gastdozentin an mehreren namhaften Bildungsstätten, unter anderem an der University of Chicago School of Architecture, der Hochschule für bildende Künste in Hamburg und der Columbia University in New York (Masters Studio).

Internationale Lehrtätigkeiten

1994 übernahm sie den Kenzo-Tange-Lehrstuhl an der Harvard University; seit 2000 hat sie den Städtebaulehrstuhl an der Universität für Angewandte Kunst in Wien inne.

1983 erhielt Hadid erstmals erste internationale Aufmerksamkeit mit dem ersten Preis im Wettbewerb für das Hochhaus Projekt »The Peak« in Hongkong. In den Jahren darauf konnte sie ihre beiden ersten großen Projekte realisieren, die sich kurioserweise nicht in Hadids Wahlheimat Großbritannien befinden, sondern auf deutschem Boden.

Zum Werk

Abb. 77:
Haus in Berlin
IBA 1987

IBA Berlin 1987

Im Rahmen der Internationalen Bauausstellung IBA Berlin 1987 wurde Zaha Hadid mit der Planung eines Gebäudes in der traditionellen Berliner Nutzungsmischung von Wohn- und Gewerbeanteil beauftragt, das 1994 fertig gestellt wurde [Abb. 77 und 78]. Trotz der strengen Senatsrichtlinien für Wohngebäude und dem vielfältigen architektonischen Umfeld in unmittelbarer Nähe des monumentalen Martin-Gropius-Baus sowie neben dem Areal des Potsdamer Platzes erzielte die Architektin sowohl funktional als auch städtebaulich betrach-

Abb. 78:
Haus in Berlin
IBA 1987

tet eine gelungene Lösung – auch wenn sie sich selbst von diesem Projekt aufgrund der zahlreichen auferlegten Einschränkungen zeitweise distanzierte.

Ein Jahr zuvor, 1986, hatte Zaha Hadid ihre erste Erfahrung mit der damals noch in zwei Teile getrennten Metropole gemacht. Sie hatte an einem international ausgeschriebenen Wettbewerb für den Neubau eines Bürogebäudes am Kurfürstendamm teilgenommen und war mit dem ersten Preis ausgezeichnet worden. Nach einigen Kontroversen ging der Planungsauftrag jedoch an einen anderen Teilnehmer, den Architekten Helmut Jahn.

Diese Umstände wiederholten sich in den darauf folgenden Jahren. Ein Beispiel dafür ist die konfliktreiche Entwicklung

Wettbewerb Bürohaus am Kurfürstendamm in Berlin

Abb. 79:
Studie für das Vitra
Feuerwehrhaus
in Weil am Rhein

Entwurf Opernhaus in
Cardiff

nach der Auslobung eines Entwurfes von Zaha Hadid für das Opernhaus der Stadt Cardiff in Wales. Auf der Liste der Wettbewerbsteilnehmer befanden sich international anerkannte Architekturbüros, unter anderem auch das Itsuko Hasegawa Atelier.

Bedauerlicherweise verhinderten die lokalen politischen Hintergründe die Realisierung eines der innovativsten, tech-

Abb. 80:
Vitra Feuerwehrhaus,
Weil am Rhein

nisch und ästhetisch anspruchsvollsten Projektes Zaha Hadids.

Hadid verfolgte jedoch weiterhin ihre unkonventionellen Ideen in Form von kleinen bzw. temporären Bauten wie dem Moonsoon Restaurant in Saporo, Japan, dem Billie Strauss Hotel in Kirchheim, Deutschland, oder dem Groningen Music Video Pavillon im holländischen Groningen.

1993 ergab sich für Hadid endlich die Gelegenheit zu beweisen, dass ihre komplexen Vorhaben nicht nur auf der Ebene des Diskurses und der Computeranimation realisierbar sind, die inzwischen zu wichtigen handwerklichen Leistungen ihres Büros zählen, sondern auch als begehbare Strukturen. Es zeigte sich, dass ihre theoretischen Ansätze eine andere Raumordnung und Konstitution forderten.

Beide Komponenten sind in ihrem inzwischen berühmten Feuerwehrhaus für die Firma Vitra in Weil am Rhein [Abb. 79 und 80] deutlich erkennbar. Das Gebäude bohrt sich wie ein Keil mit seinen dreieckigen Spitzen horizontal in das Gelände und vertikal in die Luft hinein. Bemerkbar ist die feine Bearbei-

Vitra-Feuerwehrhaus
Weil am Rhein

169

tung des Materials, des Betons, der sich dazu eignet, plastisch frei gestaltete Formen zu verwirklichen und daher eine der bevorzugten Techniken der Moderne darstellt.

Das Feuerwehrhaus ist ein Solitär, aber keineswegs ein isoliertes, geschlossenes Bauwerk. Jede Fassadenseite hat ein unterschiedliches Erscheinungsbild, bedingt durch die Rücksicht auf Nebengebäude und Landschaft. Mittels unterschiedlicher Fassadenfronten, die durch stark geometrische Elemente betont werden, ergibt sich ein dramatischer Effekt, der sich im Innenraum wiederholt. Schräge Trennwände intensivieren diesen Eindruck.

Beleuchtungsschächte

Das Haus beherbergt die erforderlichen Räume einer Feuerwache mit Garagen und einer Kantine, wird mittlerweile allerdings nicht mehr als solche genutzt.[5] In den Decken sind Beleuchtungsschächte eingebaut, die längs durch den Raum ziehen und ein Gefühl von Tageslicht erzeugen. Der Innenraum stellt ein Kontinuum von Licht und Geometrie dar. Das Gebäude beeindruckt durch seine eindringliche Gestaltung und wirkt durch seine Schlichtheit schwerelos und beruhigend.

Pavillon für die Landesgartenschau in Weil am Rhein

Bis zum Ende der 90er Jahre ergaben sich trotz weiterer Ausstellungen und traditionsbrechender Wettbewerbsbeiträge keine großen baulichen Aufgaben für Hadids Büro. 1999 allerdings überraschte sie die Öffentlichkeit mit dem Projekt des Info-Pavillons des Landes Baden-Württemberg für die Landesgartenschau in Weil am Rhein. Für das Gelände war eine weitere Nutzung als Freizeitgebiet vorgesehen, in die das Gebäude Hadids als Ausstellungs- und Konferenzzentrum integriert werden sollte.

Das Gebäude selbst, »LF one«, Landscape Formation one, genannt, streckt sich über 140 m und besteht aus drei Segmenten. Das mittig platzierte Segment ist begehbar vom Grund bis aufs Dach und ermöglicht Spaziergänge mit Blick über das ganze Areal. Links und rechts davon befinden sich Nutzungsräume auf verschiedenen Niveaus. Die Fassaden sind aus Beton- und Glasflächen gebildet, durch die das Licht und die Landschaft in den Innenraum gelangen. Die Grenzen zwischen Innen- und Außenraum werden durch immer neue Durchblicke aufgehoben. Das Ganze besitzt einen unverwechselbaren Skulpturencharakter.

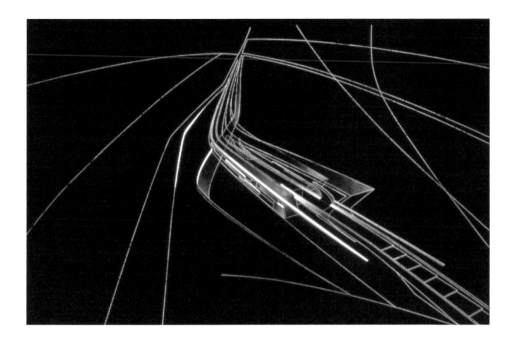

Abb. 81:
Studie für LF one,
Landesgartenschau
Weil am Rhein

Dieses Gebäude wurde in der Fachpresse als hervorragende architektonische Leistung gefeiert. Es markierte auch den Beginn einer ausgedehnten Periode, in der das grundlegende Potential der Architektin Zaha Hadid gewürdigt wird, die mit ihrem Büro in 25-jähriger Berufstätigkeit 65 Entwürfe produzierte.

Über die heute 51 Jahre alte Architektin sind inzwischen unzählige Artikel und mehrere Bücher erschienen, die ihre Arbeiten und Hauptphasen beschreiben. Nach der ersten experimentellen Phase, in der sie in Form von Entwürfen in kleinem Maßstab die theoretischen Fundamente für ihre zukünftigen Arbeiten festlegte, erlebte Zaha Hadid eine Phase der »großen Experimente« mit den ersten erfolgreichen Teilnahmen an internationalen Architekturwettbewerben. Die dritte gegenwärtige Phase entspricht Hadids Reife in der Entwurfstheorie und -praxis. Die Erfahrung mit komplexen Entwurfsaufgaben aus weltweiten Ausschreibungen machte sich bemerkbar. Ihre intensive kontinuierliche Teilnahme an bedeutenden internationalen Wettbewerben brachte den verdienten Erfolg und unmittelbare Planungsaufträge zum Zweck der Realisierung mit sich.

Hadid verlor endlich den Status einer prominenten, jedoch fast gebäudelosen Baumeisterin und wurde mittlerweile zu einer der international meistgefragtesten ArchitektInnen wie Peter Eisenman, Frank O. Gehry, Norman Foster oder Daniel Libeskind.

Mind-Zone 2000

Im Jahr 2000 war Zaha Hadids Büro für die Gestaltung der Mind-Zone, einem der zwölf Themenbereiche der britischen Ausstellung »Millenium Dome«, verantwortlich, einer Initiative der britischen Regierung und verschiedener Unternehmen zur Feier der Jahrtausendwende.

Die Mind-Zone inszenierte unterschiedliche Möglichkeiten des Raumgefühls, basierend auf einem interaktiven Erlebnis von Kunstformen der Gegenwart, wie z.B. musikalischer Experimente des japanischen Künstlers Ryoji oder die Infrarotbetrachtung einer bei natürlichem Licht nicht sichtbaren Skulptur von YBA Gavin.

Hadid vertrat mit ihrem Beitrag die These, dass Architektur und öffentlicher Raum Orte des Vergnügens sind. Als positive Beispiele zitierte sie die Strände der Copacabana in Rio de Janeiro als einen Ort, der durch seine einfache und effiziente Infrastruktur in Verbindung mit den natürlichen Ressourcen eine hohe Aufenthaltsqualität besitzt.

Inzwischen betreut das Londoner Architekturbüro Zaha M. Hadid mit 30 Mitarbeitern und einigen Projektpartnern zahlreiche weltweit bedeutende Bauvorhaben. Nach prämierten Entwürfen baut das Büro Hadids zur Zeit unter anderem ein Wissenschaftszentrum in Wolfsburg, ein Kunstmuseum in Cincinnati und ein Museum für zeitgenössische Kunst und Architektur in Rom.

Science Center in Wolfsburg

Das Wolfsburger Science Center ist als thematisches Museum für Wissenschaft und Technik, ähnlich dem Pariser Technikmuseum im Parc de la Villette, konzipiert.

Das Gebäude wird den Abschluss der nördlichen Innenstadt von Wolfsburg bilden und neben Werken wie dem Kulturzentrum von Alvar Aalto, dem Stadttheater von Hans Scharoun oder dem Kunstmuseum von Peter Schweger stehen. Der plastisch durchgeformte Bau knüpft an die Tradition der expressionistischen Wolfsburger Kulturbauten an. Das nur ca. 15 m hohe Gebäude wurde mit 38 Millionen Mark Baukosten kalkuliert und soll 11.000 m² Bruttofläche, davon 5.000 m² für den Ausstellungsbereich, beinhalten.

Das offen wirkende Bauvolumen ist nach Hadids Konzept des Raumerlebnisses konzipiert. Dabei praktiziert sie eine Trennung zwischen Raum und Erschließungssystem, wie sie auch bei den Konstruktivisten vorkommt. Durch Rampen und Trichter in geschwungenen Formen, die auch das tragende System bilden, werden die NutzerInnen in den Innenraum geführt. Dadurch bekommt das obere Geschoss einen schwebenden Effekt und hebt die Abgrenzung zwischen Innen- und Außenraum auf.

Bei dem Projekt des Center of Contemporary Art and Architecture in Rom, wurde Hadid mit der starken Bautradition der Stadt konfrontiert. Der 1999 prämierte Entwurf Hadids ließ Konkurrenten wie Norman Foster, Toyo Ito und andere Star-Architekten hinter sich.

Museum für zeitgenössische Kunst und Architektur in Rom

Der Entwurf reagiert auf die vorgegebene städtebauliche Situation im nördlichen Teil der Stadt zwischen dem Tiber und der Via Guido Reni, in der Nähe von ehemaligen amerikanischen Kasernen.

Statt erneut ein Hochhaus in die Umgebung zu setzen, kreierte Hadid eine »zweite Haut« zum Grundstück. Diese Haut übernimmt die Beweglichkeit des Terrains, steigt und sinkt mit ihm und wird in den Bereichen, in denen es notwendig ist, zum massiven Baukörper, erklärt die Architektin das Projekt. Der Entwurf hat »urbanen Charakter« und verläuft quasi als Kontur zur Hauptachse, die vom Fluss und der Via Guido Reni gekennzeichnet wird. Dieser Vektor definiert den Haupteingang des Komplexes. Obgleich das Gebäude die städtebaulich vorgegebenen Erschließungsachsen assimiliert, geht sein autonomer architektonischer Charakter nicht verloren. In diesem Fall zeigt das Gebäude dem Außenraum seine öffentliche Dimension und wirkt als eine Verlängerung desselben, statt Grenze oder Barriere zu sein.

Architektur als »zweite Haut«

»Raum statt Gegenstand« fasst die Architektin ihre Leitideen zu dem Projekt zusammen. Sie bringt der Umgebung neue Dichte, »a world to dive into« statt geschlossener Kunstcontainer. Das Center of Contemporary Art and Architecture in Rom fügt sich in die urbane Landschaft ein wie ein »Umweg«,

Raum statt Gegenstand

auf dem die Menschen zwischen Kunstobjekten promenieren können.

Im Innenraum nimmt Hadid von der »weißen Neutralität« der meisten Museen des 20. Jahrhunderts Abstand. Ihre Ziele erläutert sie im Bericht zu ihrem Entwurf: »Im Hinblick auf eine Identität für diese neu eingerichtete Institution, die sowohl Kunst als auch Architektur behaust und die polyvalente Dichte des 21. Jahrhunderts in sich aufnehmen will, schien es uns nötig, die Konzeptionen von Raum und Zeit erneut zu untersuchen [...] In architektonischer Hinsicht zeigt sich diese Problematik am deutlichsten beim Konzept der ›Wand‹. Gegen die traditionelle Kodierung der Wand innerhalb eines Museums – einerseits als privilegierte und unveränderliche vertikale Fläche zur Ausstellung von Kunstwerken und andererseits als ein Element zur Abgrenzung diskreter Räume, die dann eine ›Ordnung‹ konstituieren – setzen wir eine ›emanzipierte Wand‹. Diese wird zu einer wandelbaren Maschine zur Inszenierung von Ausstellungen – als solide Wand, als Projektionsfläche, als Leinwand, als Fenster zur Stadt hinaus.

Indem sie häufig quer über das Gelände verlaufen, kursiv und gestenreich, schneiden sich die Linien durch die Begrenzung von innen und außen. Städtischer Raum und Galerieraum treffen aufeinander, Pavillon und Hof tauschen ihre Rollen. Weitere Abweichungen von dem klassischen Entwurfsprinzip finden sich an Stellen, wo die Wand zum Fußboden wird oder sich zur Decke krümmt oder aufbricht, um ein großes Fenster zu ergeben. Die Trennwände können an den Deckenrippen der Galerieräume aufgehängt werden. Diese Rippen filtern zugleich das Licht.«

Durch diese Flexibilität bietet das Projekt sowohl funktional als auch baulich optimale Lösungen für den zeitgenössischen Museumsraum. Die günstige Möglichkeit der natürlichen Belichtung in Verbindung mit der klaren, fließenden Innenerschließung sowie die Anbindung in die städtebauliche Textur verleihen dem Gebäude, dessen komplette Fertigstellung für 2005 geplant ist,[6] seine fließende Form.

Zaha Hadid betont den Einfluss der gegenwärtigen Kunstformen auf ihr Verständnis von Museumsarchitektur. Ihr Konzept reagiert auf die kritischen Kategorien der zeitgenössischen Kunst und will den KuratorInnen einen flexiblen Raum

»Emanzipierte« Wand

Zeitgenössischer Museumsraum

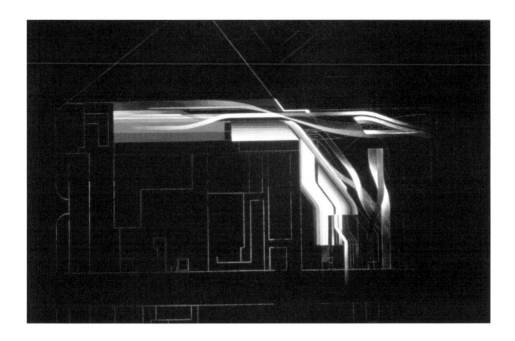

zum Austausch zwischen Publikum und musealen Veranstaltungen lassen.

Die gleiche Entwurfsphilosophie gilt für das Contemporary Arts Center in Cincinnati, das Räume für Wechselausstellungen, Installationen und Performances vorsieht. Ende 1998 bekam Hadid den Zuschlag für das Projekt. Ihr Entwurf wurde in einem Wettbewerb mit 96 TeilnehmerInnen im engeren Auswahlverfahren als der beste unter den ausgewählten KonkurrentInnen Daniel Libeskind und Rem Koolhaas ausgezeichnet.

Die Stadt Cincinatti setzt damit Maßnahmen zur Stadterneuerung fort, innerhalb derer bereits Neubauten von Michael Graves, Cesar Pelli, Peter Eisenman und Frank O. Gehry realisiert wurden. Es handelt sich bei dem Contemporary Arts Center nicht nur um eine Kunststätte, sondern es geht um die komplexe Frage der »Rückgewinnung« eines amerikanischen Innenstadtbereichs als kulturelles Zentrum, betont die Architektin.[7]

Für den Entwurf verwendete Hadid ihr Konzept der kontinuierlichen urbanen Landschaft, die auf die Struktur des Gebäudes übertragen wird. Die Strukturen des Stadtrasters

Abb. 82:
Studie für das Zentrum für zeitgenössische Kunst und Architektur in Rom

Contemporary Arts Center in Cincinnati

Urbaner Teppich

Urbaner Teppich

sollen in »vertikaler« Richtung entwickelt werden, ohne diese abrupt zu unterbrechen, was sie als »urban carpet«, urbanen Teppich bezeichnet.

Mit diesem Entwurf versucht Hadid, ähnlich wie beim Wissenschaftszentrum in Wolfsburg, die Abgrenzung zwischen öffentlichem Raum und öffentlichem Gebäude zu relativieren. Der teils frei gehaltene, teils transparente Erdgeschossbereich lässt die oberen Geschosse über die Straße »schweben«.

Das Gebäude befindet sich auf einem Eckgrundstück und zeigt zwei unterschiedliche Straßenfronten. Der mit einer Nutzfläche von ca. 8.000 m² entworfene Komplex soll im Jahr 2003 fertiggestellt sein.

Diese für das Kunsterlebnis konzipierten Bauwerke ermöglichen Hadid, ihre architektonischen Visionen in der Öffentlichkeit zu präsentieren. Insbesondere hebt sie bei ihren letzten Entwürfen hervor, dass Architektur das Gefühl der Schwerelosigkeit vermitteln könne: »die Organisierung jedes Plans, das Entwerfen, kann viel freier und unabhängiger sein [...] Die Menschen werden es vermutlich auch anders wahrnehmen, sich in anderer Weise darin bewegen, die Räume anders nutzen. Diese Bedingungen können eine andere Art von Raum ermöglichen, wie man ihn vorher nie gesehen hat...«[8]

Das Museum in Cincinatti wird das erste große Museumsgebäude sein, das in den USA von einer Architektin erbaut wird – ein Unternehmen, das sich von Julia Morgan noch nicht realisieren ließ.

Danksagung

Autorin und Verlag danken all den Personen und Institutionen, die auf irgendeine Weise zur Verwirklichung dieses Projektes beigetragen haben, insbesondere Frau Hilde Weström, der Zaha Hadid Office, dem Itsuko Hasegawa Atelier, Dr. Gae Aulenti, Angelika Borger, Peter Adam, dem Archiv der Universität für Angewandte Kunst Wien, dem Instituto Lina Bo e P.M. Bardi, der Berlinischen Galerie, dem Archiv des Instituts für Geschichte und Theorie der Architektur an der ETH Zürich sowie Sylvia Gutsche für die Transkription der Interviews mit Hilde Weström.

Vor allem danke ich meiner Verlegerin Britta Jürgs, ohne die das Buch nicht entstanden wäre, für ihre kompetente und kooperative Zusammenarbeit.

S.R.B.

Bildnachweis

Abb. 1–3, 6. In: Sara Holmes Boutelle: Julia Morgan, Architect. New York 1995.
Abb. 4, 5: Richard Barnes
Abb. 7, 46, 48, 54, 77, 78: Britta Jürgs
Abb. 8: Foto eines Bildes von Emilie Winkelmann, 25.12.1951, Berlinische Galerie. Landesmuseum für Kunst und Architektur (Repro: Ilona Ripke)
Abb. 9–12, 23, 47, 31, 32, 49, 52, 56, 61: Sonia Ricon Baldessarini
Abb. 13, 15, 17: Irongate Studios, London; Peter Adam
Abb. 16: Firma ClassiCon München
Abb. 18: Bauhaus-Archiv Berlin
Abb. 19: In: Die Frau in Haus und Beruf. Berlin 1912
Abb. 20: In: Innendekoration 38, 1927
Abb. 21: In: Cahier d'Art 3, 1928
Abb. 24, 25: In: Moderne Bauformen 30, 1931
Abb. 26: Die Form 6, 1931
Abb. 27: Schütte
Abb. 28, 30: In: Hans Hildebrandt: Die Frau als Künstlerin. Berlin 1928
Abb. 29: In: Bauwelt, September 1927
Abb. 33: In: Kern, Elsa (Hg.): Führende Frauen Europas. Neue Folge. München 1930
Abb. 34–40: Archiv des Instituts für Geschichte und Theorie der Architektur, ETH Zürich
Abb. 41–47: In: Boehminghaus, Dieter (Hrsg.): Zeit-Räume der Architektin Lucy Hillebrand. Stuttgart: Karl Krämer Verlag, 1983; Lucy Hillebrand, Angelika Borger
Abb. 50: In: Wohnen in unserer Zeit. Wohnungsgestaltung der Interbau. Hrsg. Deutscher Werkbund Berlin. Darmstadt 1958
Abb. 51, 53: Hilde Weström
Abb. 55, 58–60, 62, 63: Instituto Lina Bo e P.M. Bardi, São Paulo
Abb. 64–66, 68: Dr. Arch. Gae Aulenti, Mailand
Abb. 67: In: Mies van der Rohe Preis für Architektur, Basel 1990. V & K Publishing
Abb. 69–75: Atelier Itsuko Hasegawa, Tokio
Abb. 76: AKG Berlin / Bruni Meya
Abb. 79, 81, 82: Zaha Hadid Office, London
Abb. 80: AKG Berlin / Hilbich

Trotz sorgfältiger Recherche war es nicht in allen Fällen möglich, die Rechtsinhaber zu ermitteln. Berechtigte Ansprüche werden im Rahmen der üblichen Vereinbarungen abgegolten.

Anmerkungen

Julia Morgan (S. 9–23)

[1] Sara Holmes Boutelle: Julia Morgan, Architect. New York 1995, S. 39.
[2] Ebd., S.170.
[3] Groff, Frances A.: Lovely Woman at the Exposition. In: Sunset. May 1915.
[4] Ebd., S. 175.

Emilie Winkelmann (S. 24–33)

1 Architektinnenhistorie. Katalog zur Geschichte der Architektinnen und Designerinnen im 20. Jahrhundert. Eine erste Zusammenstellung. Hrsg. v. Union Internationale des Femmes Architectes, Sektion BRD e.V. Berlin 1984, S.19.
[2] Ebd.
[3] Ebd., S. 22.
[4] Die Frau in Haus und Beruf. Ausstellungskatalog. Berlin 1912.
[5] Ebd.
[6] Zur Frauenbildung vgl. www./kaiserinfriedrich.de/jessen_6.html
[7] Ottilie v. Hansemann teilte ihr Angebot der Berliner Universität im Januar 1907 mit. Am 18. August 1908 folgte der Erlass über das Immatrikulationsrecht für Frauen an Preußischen Universitäten. Da es einen Paragraphen enthielt, der den Professoren den eventuellen Ausschluss von Frauen aus den Vorlesungen erlaubte, gab es einenregen Briefwechsel um das Thema zwischen Ottilie von Hansemann und den jeweiligen Rektoren. Schließlich entschloss sie sich, das Geld einem Studentinnenwohnheim zu stiften. Vgl. Annette Vogt: »Wie der Universität viel Geld entging«. Edition Luisenstadt 1988. Vgl. www.luise-berlin.de
[8] Architektinnenhistorie. S. 22.
[9] Ebd.
[10] Ebd., S. 23.

Eileen Gray (S. 34–47)

[1] Philippe Garner: Eileen Gray. Designer and Architect 1878–1976. Köln 1993, S. 15.
[2] Zitiert nach Garner, S. 22.
[3] Zu Eileen Grays Beschreibung von E. 1027 vgl. Sara Whiting: Stimmen zwischen den Zeilen: Sprechen in der Grauzone. In: Wilfried Wang; Caroline Constant (Hrsg.): Eileen Gray. Eine Architektur für alle Sinne. Berlin 1996, S. 72.
[4] 1944, am Ende der Besetzung Südfrankreichs, brachen Nazisoldaten in das Haus und beschädigten die von Le Corbusier bemalten Wände durch zahlreiche Schüsse. Beide – Haus und Gemälde – stehen heute unter Denkmalschutz und werden von internationalen Initiativen saniert. Zum Zerstörungsprozess des Hauses E. 1027 vgl. Beatriz Colomina: Battle Lines: E. 1027. In: Agrest, Diana; Conway, Patricia; Weisman, Leslie (Hrsg.): The Sex of Architecture. New York, 1996, S. 167–182.
[5] Garner, S. 93.
[6] Vgl. Peter Adam: Eileen Gray. Architect/Designer. A Biography. New York 1987, S. 303.

Lilly Reich (S. 48–63)

[1] Sonja Günther: Lilly Reich 1985-1947. Innenarchitektin, Designerin, Ausstellungsgestalterin. Stuttgart 1988, S. 14.
[2] Architektinnenhistorie, S. 35.
[3] Vgl. dazu Franz Schulze: Mies van der Rohe. Leben und Werk. Berlin 1986, S. 126.
[4] Ebd. S. 147.
[5] Vgl. Ludwig Glaeser: Ludwig Mies van der Rohe. Furniture Drawings from the Design Colletion and the Mies van der Rohe Archiv. The Museum of Moden Art, New York 1977.
[6] Vgl. Daniela Hammer-Tugendhat; Wolf Tegethoff (Hrsg.): Ludwig Mies van der Rohe. Das Haus Tugendhat. Wien 1998, S. 8.
[7] Günther, S. 44.
[8] Ebd., S. 57
[9] Peter Hahn (Hrsg.): bauhaus berlin. Eine Dokumentation, zusammengestellt vom Bauhaus Archiv Berlin. Weingarten/Berlin 1985, S. 62 und Schulze, S. 194.
[10] Dort arbeitete sie wieder mit Mies zusammen, der schon seit einem Jahr emigriert war, und beriet ihn bei mindestens zwei Projekten: dem Haus Resor und dem Neue Campus des IIT (Illinois Institute of Technology). Wegen des Prozesses um die Stahlrohrmöbel von Mies van der Rohe und ihr kam Lilly Reich noch im selben Jahr nach Deutschland zurück. Aus den USA sandte ihr Mies van der Rohe Pakete und Geld als Honorarausgleich. Vgl. Kevin Harrington, Professor für Architekturgeschichte an dem IIT, Manuskript des Vortrags »I gave myself a shock. Mies and the Pavillon« während des Symposiums »Mies und der Barcelona Pavillon« am Polytechnischen Institut Mailand 1997.
[11] Lilly Reich: Modefragen. In: Die Form. Monatsschrift für gestaltende Arbeit. Berlin 1922. Zitiert nach Günther, S. 83.

Margarete Schütte-Lihotzky (S. 64–80)

[1] Der genaue Zeitpunkt der Entlassung aus dem Bauamt wird unterschiedlich genannt. Ich beziehe mich auf das Gespräch mit Margarete Schütte-Lihotzky in: Anita Zieher: Auf Frauen bauen. Architektur aus weiblicher Sicht. Salzburg/München 1999, S. 15. Nach der dortigen Angabe verließ die Architektin im Mai 1930 das Bauamt und reiste im Oktober desselben Jahres nach Moskau.
[2] Über die Umstände um ihre Festnahme und Haftzeit vgl. Margarete Schütte-Lihotzky: Erinnerungen aus dem Widerstand. Das kämpferische Leben einer Architektin. Hrsg. v. Irene Nierhaus. Wien 1994.
[3] Vgl. Marion Lindner-Gross: Wien nach 1945: Architektur, Politik und Engagement für die Frauen. In: Margarete Schütte-Lihotzky: Soziale Architektur – Zeitzeugin eines Jahrhunderts. Hrsg. von Peter Noever. Wien/Köln/Weimar 1996, S. 201.
[4] Schütte-Lihotzky, Margarete: Die Frankfurter Küche. In: Peter Noever (Hrsg.): Die Frankfurter Küche von Margarete Schütte-Lihotzky. Berlin 1992, S. 7
[5] Schütte-Lihotzky, Margarete: Soziale Architektur – Zeitzeugin eines Jahrhunderts. S. 64.
[6] May prägte den Begriff des »Neuen Bauens«, welcher für innovative städtebauliche Maßnahmen nach den Prinzipien der Modernen Architektur steht,

die zwischen 1925 und 1930 von ihm als Stadtbaurat in Frankfurt am Main eingeführt wurden.

[7] Peter Noever (Hrsg.): Die Frankfurter Küche, S.16-19.
[8] Ebd., S. 8.
[9] U.a. »Die Wohnung der alleinstehenden Frau I«. In: Neue Frauenkleidung und Frauenkultur. Karlsruhe 1927, S.102–103.
[10] S. Anmerkung 2.
[11] Vgl. Susanne Baumgartner-Haindl: Für Kinder bauen. In: Margarete Schütte-Lihotzky: Soziale Architektur – Zeitzeugin eines Jahrhunderts, S.256-259.
[12] Margarete Schütte-Lihotzky: Soziale Architektur – Zeitzeugin eines Jahrhunderts. S. 228, 229.

Lux Guyer (S. 81–92)

[1] Lux Guyer. In: Kern, Elsa (Hg,): Führende Frauen Europas. Neue Folge. München 1930, S. 64.
[2] Vgl. Architektinnenhistorie, S. 71.
3 Dorothee Huber; Walter Tschokke: Für eine entsprechende Haltung zwischen marktschreierischer Modernität und falschem Historizismus. In: Die Architektin Lux Guyer 1894–1955. Das Risiko, sich in der Mitte zu bewegen. Hrsg. v. Adolf Max Vogt; Dorothee Huber; Walter Tschokke. Inst. für Geschichte und Theorie der Architektur. ETH Zürich 1983.
, S. 20f.
[4] Vgl. Schweizerische Bauzeitung Nr. 87, 1926, S. 189; Nr. 88, 1926, S. 267, 311, 353.
[5] Regula Bonomo: Die SAFFA. In: Die Architektin Lux Guyer 1894–1955, S. 26.
[6] Lux Guyer: Schlussbericht der SAFFA. Bern 1928, S. 112–113. Zitiert nach: Die Architektin Lux Guyer 1894–1955, S. 27.

Lucy Hillebrand (S. 93–102)

[1] Vgl. Geoffrey Bennington; Jacques Derrida: Jacques Derrida. Ein Portrait. Frankfurt/Main 1994, S. 51.
[2] Boeminghaus, Dieter (Hrsg.): Zeit-Räume der Architektin Lucy Hillebrand. Stuttgart 1983, S. 15.
[3] Vgl. Grohn, Christian (Hrsg.): Lucy Hillebrand. Bauen als Impuls und Dialog. Berlin 1990, S. 9.
[4] Vgl. Boeminghaus, S. 16, 171.
[5] Ebd., S. 152.
[6] Ebd., S. 147.
[7] Grohn, S. 56.

Hilde Weström (S. 103–119)

[1] Ich führte im April 1999 und im November 2000 Interviews mit Hilde Weström, auf denen die Informationen im Text zum größten Teil beruhen.
[2] Zur Interbau vgl. Interbau Berlin 1957. Amtlicher Katalog der Internationalen Bauausstellung Berlin 1957; Wohnen in unserer Zeit. Wohnungsgestaltung der Interbau. Hrsg. v. Deutscher Werkbund Berlin. Darmstadt 1958. sowie Kerstin Dörhöfer:»Berlin – Die zerstörte Stadt war meine Chance«. Zum Zeitzusammenhang des Werkes von Hilde Weström. In: Die Berliner Architektin Hilde Weström. Bauten 1947–1981. Hrsg. Das Verborgene Museum. Ber-

lin 2000, S. 28–32.
³ Wohnen in unserer Zeit, S. 62–65.
⁴ Hilde Weström: Mein Anliegen an die Architektur. In: Die Berliner Architektin Hilde Weström, S. 39.
⁵ Christiane Droste: Hilde Weström. Zur Person. In: Die Berliner Architektin Hilde Weström, S. 17.
⁶ Dörhöfer in: Die Berliner Architektin Hilde Weström, S. 34f.
⁷ Hilde Weström: Mein Anliegen an die Architektur, S. 42.

Lina Bo Bardi (S. 120–136)

1 Lina Bo Bardi. Ausstellungskatalog. Hrsg. v. Instituto Lina Bo Bardi. São Paulo 1993, S. 12.
² Ebd., S. 94.
³ »Durch die betonte Horizontalität und Transparenz ist das MASP ein Beispiel antihierarchischer Architektur.« Vortrag von Aldo van Eyk in São Paulo 1996. Vgl. Laura Miotto; Nicolini, Savina: Lina Bo Bardi. Aprirsi all'accadimento. Torino 1998, S. 31.
⁴ Zitiert nach: Lina Bo Bardi. Ausstellungskatalog, S. 231.
⁵ Ebd.
⁶ Miotto; Nicolini, S. 75.

Gae Aulenti (S. 137–149)

¹ Dacia Maraini: E tu chi eri? In: Petranzan, Margherita (Hrsg.): Gae Aulenti. Milano 1996, S. 294.
² Battisti, Emilio: Architettura è donna. In: Gae Aulenti. Milano 1979, S. 8.
³ Ebd., S. 10.
⁴ Franco Raggi: Da grande voglio fare una città. In: Modo. Nr. 21/1979.
⁵ Gae Aulenti: Teatro. In: Petranzan, Margherita (Hrsg.): Gae Aulenti. Milano 1996, S. 229.
⁶ Vgl. Franco Quadri: Teatro come trasgressione. [Gespräch mit Gae Aulenti]. In: Gae Aulenti, S. 12–15.
⁷ Es handelt sich hierbei um die Retropektive Gae Aulenti in Mailand 1979.
⁸ Vgl. Mirko Zardini (Hrsg.): Gae Aulenti e il Museo d'Orsay, Quaderni di Casabella. Supplemento a Casabella Nr. 535, 1987.

Itsuko Hasegawa (S. 150–160)

¹ Vgl. Botond Bognar: Die Neue Japanische Architektur. Stuttgart 1991, S.12.
² Vgl. Peter Cook: Neuer Geist in der Architektur. Basel, 1991, S. 168.
³ Vgl. Itsuko Hasegawas Gespräch mit Koji Taki. In: Scheou, Anne (Hrsg.): Itsuko Hasegawa. Recent buildings and projects. Basel/Boston/Berlin 1997, S. 16.
⁴ Ebd., S. 46.
⁵ Itsuko Hasegawa: Floating Public Space. On the design of the Niigata Performing Arts Center. In: www.labiennaledivenezia.net/it/archi/7mostra/ architetti/hasega.html
⁶ Vgl. Takehiko Higa: Allumfassendes Denken. In: Itsuko Hasegawa: Fluktuationen. Fluctuations. Hrsg. v. Kristin Freireiss. Aedes, Galerie für Architektur und Raum. Berlin 1997.

Zaha Hadid (S. 161–176)

[1] Vgl. die Einführung von Aaron Betsky. In: Zaha Hadid: Das Gesamtwerk. Stuttgart 1998.

[2] Vlg. Jean-François Lyotard: Das postmoderne Wissen. Ein Bericht. Bremen 1982.

[3] Der Suprematismus ist eine um 1913 von dem russischen Maler Kasimir Malewitsch gegründete Kunstrichtung, die geometrische Formen in abstrakten Kompositionen wie z.B. »Schwarzes Quadrat« oder »Weißes Quadrat« darstellte. Diese Bewegung beeinflusste stark eine Generation russischer Architekten, deren Entwurfskonzeptionen als Konstruktivismus bezeichnet werden.

[4] Nach der Ausstellung wurden diejenigen Arbeiten von ArchitektInnen als »Dekonstruktivistische Architektur« bezeichnet, welche der traditionellen Gestaltungsordnung und Entwurfslogik widersprachen.

[5] Heute dient das Feuerwehrhaus lediglich als Ausstellungsstück.

[6] Laut Terminplan sollen die ersten fertiggestellten Bauabschnitte bereits vor diesem Zeitpunkt genutzt werden können.

[7] Vgl. Christian Schröder und Moritz Schuller: Gespräch mit Zaha Hadid. AEDES EAST FORUM 2001.

[8] Vgl. Heide Moldenhauer: Gespräch mit Zaha Hadid. In: Vorsprünge. S.T.E.R.N. Berlin 1988, S. 35f.

Auswahlbibliografie

Frauen und Architektur

Agrest, Diana; Conway, Patricia; Weisman, Leslie (Hrsg.): The Sex of Architecture. New York 1996.

Architektinnenhistorie. Katalog zur Geschichte der Architektinnen und Designerinnen im 20. Jahrhundert. Eine erste Zusammenstellung. Hrsg. v. Union Internationale des Femmes Architectes, Sektion BRD e.V. Berlin 1984.

Bauwelt. Bd. 70, 1979, H. 31/32: Frauen und Architektur.

Deutsches Architektenblatt. Hrsg. v. Bundesarchitektenkammer. DAB 3, 2000. Schwerpunktheft Frauen.

Dietrich, Verena: Architektinnen. Ideen – Projekte – Bauten. Stuttgart/Berlin/Mainz 1984.

Dörhöfer, Kerstin; Terlinden, Ulla: Verortungen. Geschlechterverhältnisse und Raumstrukturen. Basel/Boston/Berlin 1998.

Dossier Architektinnen. EMMA Juli/August 1997.

Frauen im Design. Berufsbilder und Lebenswege seit 1900. Hrsg. v. Landesgewerbeamt Baden-Württemberg. Stuttgart 1989.

frauen in der technik von 1900 bis 2000. Das Schaffen der österreichischen Architektinnen und Ingenieurkonsulentinnen. Hrsg. v. ARGE (J. Fuchs-Stolitzka, M. Grabensteiner, E. Kleindienst u.a.). Wien 2000.

Hausen, Karin (Hrsg.): Wie männlich ist die Wissenschaft? Frankfurt/Main 1986.

Hughes, Francesca (Hrsg.): The Architect. Reconstructing her Practice.Laufner, Odile; Ernst, Monika: Architektinnen bauen Wohnhäuser. 41 aktuelle Beispiele. München 2000.

Pevsner, Nikolaus; Honour, Hugh, Fleming, John: Lexikon der Weltarchitektur. 3. überarb. Aufl. München 1992.

Vorsprünge – Beiträge zur Geschichte von Architektinnen. S.T.E.R.N. Berlin 1988.

Zieher, Anita: Auf Frauen bauen. Architektur aus weiblicher Sicht. Salzburg/München 1999.

Zürcher Architektinnen. Zwölf Portraits – elf Bauten. Das kleine Forum in der Stadelhofer Passage. Zürich, Mai 2000.

Gae Aulenti

A+U. Architecture and Urbanism. Nr. 5, 1987.
Batisti, Emilio: Architettura è donna. In: Gae Aulenti. Milano 1979, S. 106-110.
Gae Aulenti. Milano 1979.
Petranzan, Margherita (Hrsg.): Gae Aulenti. Milano 1996.
Rykwert, Joseph: Gae Aulenti's Milan. Design Passages for the celebrated Architect. In: AD Architectural Digest, January 1990, S. 92-97.
Rykwert, Joseph: Gae Aulenti. Museum Architecture. Varedo 1993.
Zardini, Mirko (Hrsg.): Gae Aulenti e il Museo d'Orsay. Quaderni di Casabella. Supplemento a Casabella 535, 1987.

Lina Bo Bardi

Conti, A. (Hrsg.): Architetture sovrapposte. Progetti, Electa. Milano 1992.
Lienur, J.F. (Hrsg.): America Latina. Architettura. Gli ultimi vent'ani. Milano 1990.
Lina Bo Bardi. Ausstellungskatalog. Hrsg. v. Instituto Lina Bo Bardi. São Paulo/Milano 1994.
Lina Bo Bardi 1914-1992. Igreja Espirito Santo do Cerrado/ Espirito Santo do Cerrado Church Uberlandia, Brasil, 1976-1982. Instituto Lina Bo e P.M. Bardi. São Paulo 1999.
Miotto, Laura; Nicolini, Savina: Lina Bo Bardi. Aprirsi all'accadimento. Torino 1998.
Valentinetti, Cláudio M.: Passione e ideologia. Ottagono 109, Dez. 1993.
Zevi, Bruno: Lina Bo Bardi: Un architetto in tragitto ansioso. In: Caramelo 4, São Paulo 1992.

Eileen Gray

Adam, Peter: Eileen Gray. Architect/Designer. A Biography. New York 1987.
Adam, Peter: Eileen Gray. Architektin, Designerin. Schaffhausen 1989.
Beatriz Colomina: Battle Lines: E. 1027. In: Agrest, Diana; Conway, Patricia; Weisman, Leslie (Hrsg.): The Sex of Architecture. New York 1996, S. 167–182.

Constant, Caroline: Eileen Gray. London 2000.
Wang, Wilfried; Constant, Caroline (Hrsg.): Eileen Gray. Eine Architektur für alle Sinne. Ausstellungskatalog des DAM Frankfurt. Tübingen/ Berlin 1996.
Eileen Gray. Themenheft archithese 4, 1991.
Garner, Philippe: Eileen Gray. Designer and Architect 1878-1976. Köln 1993.
Hecker, Stephan; Müller, Christian F.: Eileen Gray. Barcelona 1993.

Lux Guyer

Die Architektin Lux Guyer 1894–1955. Das Risiko, sich in der Mitte zu bewegen. Hrsg. v. Adolf MaxVogt; Dorothee Huber; Walter Tschokke. Institut für Geschichte und Theorie der Architektur. ETH Zürich 1983.
Lux Guyer. In: Führende Frauen Europas. Neue Folge. Hrsg. v. Elsa Kern. München 1930, S. 64-69.
Lux Guyer – die erste Schweizer Architektin. In: Aktuelles Bauen, Bd. 13, Nr. 11, 1983, S. 30-31.
Zürcher Architektinnen. Zwölf Portraits – elf Bauten. Das kleine Forum in der Stadelhofer Passage. Zürich, Mai 2000.
Zur Architektur des Wohnens. Innenräume von Elsa Burckhardt-Blum, Flora Steiger-Crawford und Lux Guyer. In: Kunst und Architektur in der Schweiz. Bd. 48, Nr. 3, 1997, S. 13-19

Zaha Hadid

Blum, Elisabeth: Ein Haus, ein Aufruhr. Anmerkungen zu Zaha Hadids Feuerwehrhaus. Braunschweig [u.a.] 1997.
Futagawa, Yoshio: Zaha M. Hadid. Interview by Yoshio Futagawa. Global architecture: Document extra 3. Tokyo 1995.
Sessa, Cesare de: Zaha Hadid. Eleganze dissonanti. Torino 1996.
Zaha Hadid. Vitra Fire Station. Aedes Galerie und Architekturforum, Berlin 1992.
Zaha Hadid. El Croquis Nr. 52. Hrsg. v. Richard C. Levene. Madrid 1993.
Zaha M. Hadid – LF one. Landscape Formation one in Weil am Rhein, Germany. Basel/Boston/Berlin 1999.
Zaha Hadid: Das Gesamtwerk. Einführung: Aaron Betsky.

Stuttgart 1998.
Zaha Hadid. Urban architecture. Wolfsburg – Rom – Cincinnati. Hrsg. v. Kristin Freireiss, Hans Jürgen Commerell. Aedes West Galerie. Berlin 2000.
Zaha Hadid 1996–2001. Sondernummer El Croquis Nr. 5, 103, Madrid 2000.

Itsuko Hasegawa

Bognar, Botond: Die Neue Japanische Architektur. Stuttgart 1991.
Cook, Peter: Neuer Geist in der Architektur. Basel 1991.
Hasegawa, Itsuko: Floating Public Space. On the design of the Niigata Performing Arts Center. In: www.labiennaledivenezia.net/it/archi/7mostra/architetti/hasega.html
Hasegawa, Itsuko: Itsuko Hasegawa. (Architectural monographs 31). London 1993.
Higa, Takehiko: Allumfassendes Denken. In: Fluktuationen. Fluctuations. Hrsg. v. Kristin Freireiss. Berlin 1997.
Scheou, Anne (Hrsg.): Itsuko Hasegawa. Recent buildings and projects. Basel/Boston/Berlin 1997.

Lucy Hillebrand

Boeminghaus, Dieter (Hrsg.): Zeit-Räume der Architektin Lucy Hillebrand. Stuttgart 1983.
Grohn, Christian (Hrsg.): Lucy Hillebrand. Bauen als Impuls und Dialog. Berlin 1990.
Hillebrand, Lucy; Wilhelm, Karin: Raum-Spiel, Spiel-Räume. Hrsg. v. Das Verborgene Museum. Berlin 1991.
Hoffmann, Klaus: Lucy Hillebrand. Wege zum Raum. Göttingen 1985.

Julia Morgan

Boutelle, Sara Holmes: Julia Morgan, Architect. New York 1995.
Boutelle, Sara Holmes: Julia Morgan. A synthesis of tradition. In: Architecture California 1, 1985, S. 30-31.
Boutelle, Sara Holmes: Julia Morgan's American palaces. In: Preservation News 10, 1985, S. 19.
Kastner, Victoria: Hearst Castle. The Biography of a Country House. New York 2000.

Wadsworth, Ginger: Julia Morgan. Architect of Dreams. Minneapolis 1990.

Lilly Reich

Glaeser, Ludwig: Ludwig Mies van der Rohe. Furniture Drawings from the Design Colletion and the Mies van der Rohe Archiv. The Museum of Modern Art. New York 1977.
Günther, Sonja: Lilly Reich 1885-1947. Innenarchitektin, Designerin, Ausstellungsgestalterin. Stuttgart 1988.
Hahn, Peter (Hrsg.): bauhaus berlin. Eine Dokumentation, zusammengestellt vom Bauhaus Archiv Berlin. Weingarten/Berlin 1985.
Hammer-Tugendhat, Daniela; Tegethoff, Wolf (Hrsg.): Ludwig Mies van der Rohe. Das Haus Tugendhat. Wien 1998
Lilly Reich in her own right at MoMA. Architecture (AIA) 3 1996, S. 35.
Lilly Reich. Designer and Architect. Museum of Modern Art, New York. Bauwelt 14, April 1996, S. 824-826.
McQuaid, Matilda: Lilly Reich. Designer and Architect. New York 1996.
Ouvrages de dames. Les femmes dans l'architecture et la construction. Architecture Intérieure crée 291, 1999, S. 32-151.
Präsentieren – Inszenieren. Ausstellungsarchitektur. In: Archithese 3, May/Juni 1996, S. 6-53.
Schulze, Franz: Mies van der Rohe. Leben und Werk. Berlin 1986.
Todd, Dorothy; Mortimer, Raymond: The new interior decoration. An introduction to its principles and international survey of its methods. London 1929.

Margarete Schütte-Lihotzky

Noever, Peter (Hrsg.): Die Frankfurter Küche von Margarete Schütte-Lihotzky. Berlin 1992.
Schütte-Lihotzky, Margarete: Erinnerungen aus dem Widersand. Das kämpferische Leben einer Architektin 1938-1945. Hrsg. von Chup Friemert, Hamburg 1985.
Schütte-Lihotzky, Margarete: Soziale Architektur. Zeitzeugin eines Jahrhunderts. Ausstellungskatalog des MAK Wien. Hrsg. v. Peter Noever. 2. überarb. Aufl. Wien 1997.
Heide Moldenhauer: Gespräch mit Margarete Schütte-Lihotz-

ky. In: Vorsprünge – Beiträge zur Geschichte von Architektinnen. Hrsg. S.T.E.R.N., Berlin 1988, S. 17-23.

Hilde Weström

Die Berliner Architektin Hilde Weström. Bauten 1947-1981. Hrsg. v. Das Verborgene Museum. Berlin 2000.
Interbau Berlin 1957. Amtlicher Katalog der Internationalen Bauausstellung Berlin 1957.
Wohnen in unserer Zeit. Wohnungsgestaltung der Interbau. Hrsg. v. Deutscher Werkbund Berlin. Darmstadt 1958.

Emilie Winkelmann

Architektursammlung Berlinische Galerie
Architektinnenhistorie. Katalog zur Geschichte der Architektinnen und Designerinnen im 20. Jahrhundert. Eine erste Zusammenstellung. Hrsg. v. Union Internationale des Femmes Architectes, Sektion BRD e.V. Berlin 1984.
Bauwelt. Zeitschrift für Architektur 27, 1914.
Bauwelt. Zeitschrift für Architektur 50, 1927.
Die Frau in Haus und Beruf. Berlin 1912.